和孩子一起读诗

桂芳 著

全国百佳图书出版单位
时代出版传媒股份有限公司
黄山书社

图书在版编目（CIP）数据

和孩子一起读诗 / 桂芳著. —合肥 : 黄山书社, 2024.11
ISBN 978-7-5737-0639-3

Ⅰ. ①和… Ⅱ. ①桂… Ⅲ. ①古典诗歌—中国—中小学—教学参考资料 ②文言文—中小学—教学参考资料
Ⅳ. ①G634.303

中国国家版本馆CIP数据核字（2023）第006745号

和孩子一起读诗 桂 芳 著
HE HAIZI YIQI DU SHI

出 品 人 葛永波
责任编辑 胡晓静
装帧设计 有品堂_宋永傲
责任印制 李 磊
出版发行 黄山书社
地 址 安徽省合肥市蜀山区翡翠路 1118 号出版传媒广场 7 层 邮编：230071
印 刷 安徽联众印刷有限公司
版 次 2024 年 11 月第 1 版
印 次 2025 年 1 月第 2 次印刷
开 本 700 mm × 1000 mm 1/16
字 数 195 千字
印 张 18
书 号 ISBN 978-7-5737-0639-3/01
定 价 36.00 元

服务热线 0551-63533706
销售热线 0551-63533761
官方直营书店（https://hsss.tmall.com）

让我们一起来读诗（代序）

文 / 戎　林

这是一本美丽的书，

这是一本精致的书，

这是一本大人孩子都爱读的书。

说它美丽，因为它写尽了四季变化，写透了寒暑凉热。作者根据诗的内容，巧妙地将所选的五十二首诗分为春、夏、秋、冬四卷。这些诗里开着不同的花，桃花、杏花、牡丹花、栀子花……从古代一直开到今天，开得有声有色，五彩缤纷，开在诗人的笔下，开在一代一代孩子的心中。读着这些诗，我们仿佛可以闻到花香，触及花瓣。这样的诗，你能说它不美吗！

说它精致，因为这些诗短小精悍，通俗易懂，即使历经千百年的风风雨雨，人们依然能看到诗人笔下的景象栩栩如生，依然能感受到诗人的灵魂在字里行间灼灼闪光：

“泉眼无声惜细流，树阴照水爱晴柔。小荷才露尖尖角，早有蜻蜓立上头。”泉眼、溪流、荷花，蜻蜓，简直是一幅精致的水墨画。

再看一首："白发三千丈，缘愁似个长。不知明镜里，何处得秋霜？"大胆的夸张，丰富的联想，是诗人性格的写照。这种夸张和联想，正是今天的孩子所需要的。

读着这样的诗，再顽皮的孩子也会睁大了眼睛静静地聆听，是精致的诗句穿透了孩子们内心深处那最柔软的地方，让他们平静下来。

说这是一本大人孩子都爱读的书，那是因为孩子与诗本身有着密切的联系。儿时读过的诗，会在幼小的心灵生根发芽，读着读着，孩子长大了，那些诗句潜移默化影响着孩子的人格魅力，成为他们成长的动力。也许，孩子在读这些诗时还不能理解诗中的含义，甚至有些家长也似懂非懂，但在一起读诗的亲子互动中，倾听诗人的吟唱，用心捕捉诗中的感动，那一刻，生命与生命便互通了。所以说，一起读诗是两代人最好的学习机会，也是父母伴着孩子走向成熟的过程。

这本书可以孩子自己读，也可以让家长伴着孩子读，也可以由老师领读，不管怎么读，都会起到润物细无声的作用。

一句话，这是一本足以享用一生的书。

这本书的作者桂芳是一位资深的人民教师，获奖无数。多年来，她一直在探索着各种办法以引导孩子们读诗。每次见面，她都向我诉说她的心愿。今天终于看到这本小书，这是她多年心血的凝聚，是她探索的成果，也是她给孩子们最好的礼物。

桂芳老师所在的城市马鞍山是全国闻名的诗城，真希望我们每个城市都能像马鞍山那样，在市民中提倡读诗、写诗，让诗歌融化在每个人的心中，渗透在每座钢筋水泥的骨骼里。这样，城市才能变得更加多姿多彩，文明的春风也必将永驻。

作者系中国作家协会会员

马鞍山市政府文化顾问

目　录

春卷

夏卷

秋卷

冬卷

春卷

1. 你听春雨在欢唱

早春呈水部张十八员外

［唐］韩愈①

天街小雨润如酥，草色遥看近却无。

最是一年春好处，绝胜烟柳满皇都。

小诗浅译

京城路上的雨像酥油般细密滋润，

远望草色连成片而走近却很难寻。

这是一年中有着最美景色的早春，

远胜过长安城里满是烟柳的暮春。

① 韩愈：字退之，世称“韩文公”“韩昌黎”，唐宋古文运动的倡导者。

诗人逸事

和尚的牙齿

唐元和十四年（819），大文学家韩愈被贬到潮州任刺史。

韩愈上任后，有一天在路上碰见一个和尚，这个和尚面貌十分丑陋凶恶，特别是两颗伸出来的大长牙更是让人害怕。韩愈很讨厌他，心想：这个和尚一脸凶相，肯定不是什么好人。他边想边恨不得把和尚那两颗大长牙敲下来。

过了一会儿，韩愈回到府衙，便有人递给他一包东西，说是一个和尚送来的。他打开一看，发现是两颗长牙，大惊失色，说："我是想敲掉他的牙齿，可我并没有说出来呀！"韩愈立即派人四处打听、寻找，后来才知道那个和尚就是有名的大颠和尚，是当地一个很有学问的人。韩愈非常惭愧，便登门赔礼道歉，大颠和尚很大度，原谅了他。后来，两人还成了好朋友。

后人为纪念两人的友谊，就把城里的济生庵改名为"叩齿庵"。

童言童语

一棵小草

在雨中欢快地跳动着

抖去秋冬的灰黄

换上浅绿的新衣裳

一棵小草

边唱边跳

唤醒沉睡的小伙伴

在春天里玩起了捉迷藏

古诗现场

你听春雨在欢唱

唐长庆三年（823）早春，你踏步郊野，马蹄轻快，微风袭来，春雨的耕作里藏着丰收的喜悦，而你的一生就从细雨的淅沥声里开始明朗起来。

你一生为民。韩山，韩江，一座山，一条河，是百姓铭记你的方式；这屹立在潮州的山水，是在感念你当年为百姓驱鳄除害、兴修水利的善举。

春雨不停，下在你毅然踏往镇州的路上。那天，众人都为你捏把汗：当地动乱，藩镇自立节度使，皇帝却命你为宣慰使，这不是让你去送命吗？后来皇帝后悔了，便让你少安毋躁，让你伺机而动，而你从容一笑，臣为君，何惧死！当你成功说服作乱将士，回到朝堂时，满朝震惊。史官正襟危坐为你执笔——文人涉险解君忧，何其英勇！难怪宋朝苏轼也称赞你为“勇夺三军之帅”。

因为这份英勇，你升任为吏部侍郎。你欣喜赴任，温柔的春雨陪你同行。你走在京城的街道上，任细雨滴落在你将近花甲的鬓发上，你想，或许这一场春雨之后，你就真正跻身士大夫之列了。你可以指点朝政得失，也可以在朝堂上大干一番，让那些有才学的寒士得以绽放欢颜。

但这所有的一切，不过是只可遥看的雨中草色，迷离朦胧，天地一色，走近了，却是一场空。人生就是这样吧，万般努力不过一瞬间的风景。于是走在春雨里的你，只好独自赏景。你听到春雨下在稻田里，下在人们的桑麻闲话里，也下在皇都臣民的质疑声中。你卷起满城雨声，邀好友张籍来欣赏。当时任水部员外郎的张十八，却不知因为何事，竟错过了这美丽的风景。

你一声长叹：最是一年春好处，微雨如酥，十八老兄，你听到春雨的欢唱了吗？

小百诗趣

小小数学家

请你为下面含数字的诗句填空。

最是一年春好处。　　二月春风似剪刀。

烟花三月______。　　乡村四月闲人__。

三更灯火五更__。　　毕竟____六月中。

七八个______外。　　南朝四百八十__。

疑是银河落九__。　　两鬓苍苍十指__。

诗意书画

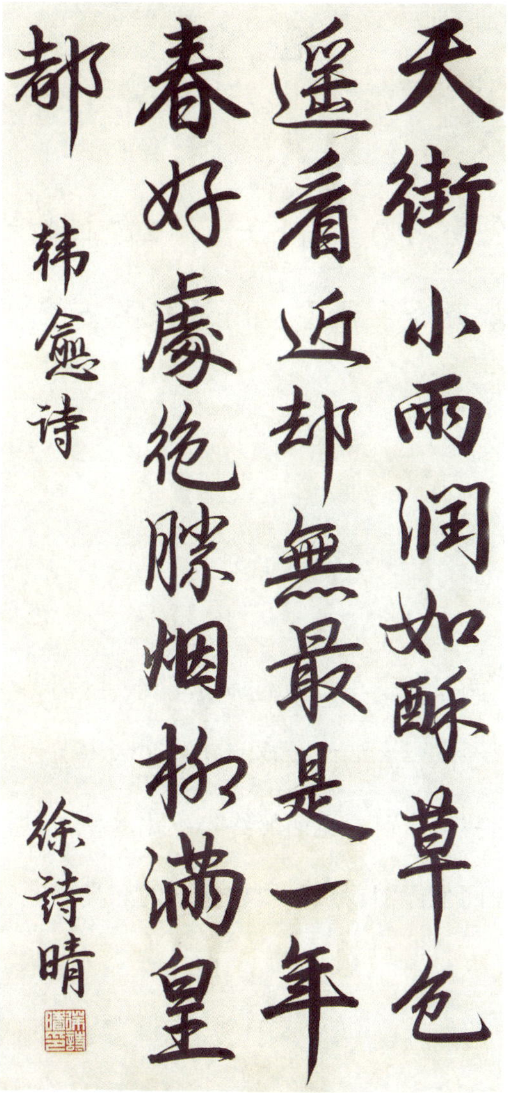

答案：下扬州 少 鸡 西湖 星天 寺 天 黑

2. 初春最美的绝句

绝　句

［唐］杜甫①

两个黄鹂鸣翠柳，一行白鹭上青天。

窗含西岭千秋雪，门泊东吴万里船。

小诗浅译

两只黄鹂在翠绿的柳树间婉转歌唱，

一队整齐的白鹭直冲向蔚蓝的天边。

我依窗可看见西岭终年不化的积雪，

门前停泊着从万里外驶来的东吴船。

① 杜甫：字子美，自号少陵野老。唐代伟大的现实主义诗人，有“诗圣”之称。与李白并称“李杜”。

诗人逸事

四道菜巧待客

相传，有一天，有朋友来杜甫家拜访，但贫困的杜甫家中，食物仅有两个鸡蛋和一把葱，招待客人显得太寒酸。这下，杜甫的夫人发了愁，杜甫倒是很镇定，对夫人说了几句悄悄话，便请客人入座闲谈。午饭时，杜甫刚把酒倒上，妻子就端出了四道菜：第一道，两个炖蛋黄，上面覆盖碎葱叶，菜名是“两个黄鹂鸣翠柳”；第二道，把熟蛋白切成小块，排成一行，下面垫上一些绿葱，菜名是“一行白鹭上青天”；第三道，清炒蛋白一小撮，菜名是“窗含西岭千秋雪”；第四道，一碗清汤，上面浮几小块蛋壳，菜名是“门泊东吴万里船”。四道菜配的四句古诗，合起来就是杜甫的《绝句》。

童言童语

两只黄鹂鸟

藏在翠绿的叶子下

等着好伙伴来找

等呀等呀

有一行白鹭着急了

飞上了高空

飞向不远处的雪山

等它们再飞回来的时候

黄鹂鸟早就飞走了

古诗现场

初春最美的绝句

好友严武平定叛乱后，回到成都做了府尹，杜甫喜极落泪，重新收拾了他的草堂。破陋的茅舍，给了他前所未有的心安，于是来不及推敲字词，来不及润饰题目，信手拈来，一组组绝句脱口而出。

这样的绝句深得其祖父杜审言真传，朗朗上口，清新自然，是杜甫诗集里绚丽的一页。

会唱歌的黄鹂鸟，在多彩的春天里欢唱，你都听到了吗？

当时的杜甫一定是听到了，他透过翠柳的枝条听出了欣喜，邀上严武，无酒也罢，只对坐，也是极安逸的。

晴空万里，一碧如洗，黄鹂向他鸣叫着。你听，那叫声里有仰视的敬意。

和黄鹂一起飞翔的还有一行白鹭，在青天里忽上忽下，组成最绚丽的春景，仿佛画家的颜料一下子抛出，嫩黄、翠绿、洁白、湛蓝，所有绚丽的颜色都在眼前一一晕染，落满整幅画。

杜甫大踏步向前，朗声大笑，人生有此美景，得此良友，足矣！

但杜甫就是杜甫，不能超脱的老杜，在所有人都快乐的时候，他却略带感伤。

原来，他倚窗眺望，白雪皑皑的远山上还是冬天的光景。原来黄鹂、白鹭不过是初春给予的短暂美丽，终年不化的雪，正厚厚地积压在远山上。没由来地，他想到了自己，“致君尧舜上”的梦何时能圆？那一刻，他便是积久不消的雪，唱着经冬不融的悲歌。

停下吧，黄鹂的声音早已停息，白鹭也不知所终，只有东吴的船儿静静地停泊，他的心也随之停泊了。

停在刚落成的草堂，听听浣花溪畔的娇莺恰恰啼，看看百花潭边的燕子低低回。

就此停泊吧，携一卷诗书，里面有初春最美的绝句！

小百诗趣

百禽苑

细心的小朋友，你能让小鸟儿停到属于自己的树枝上吗？

燕子　　　　黄鹂　　　　莺

两个______鸣翠柳　草长____飞二月天　泥融飞______

诗意书画

答案：黄鹂 鹭 燕子

3. 风从大唐阳关来

送元二使安西

［唐］王维①

渭城朝雨浥轻尘，客舍青青柳色新。

劝君更尽一杯酒，西出阳关无故人。

小诗浅译

清晨的细雨打湿了渭城的浮尘，

旅舍周围的柳树显得格外清新。

我的朋友请再喝一杯离别美酒，

向西出了阳关就再难遇到故人。

① 王维：字摩诘，唐代著名诗人、画家，有“诗佛”之称。

诗人逸事

《凝碧诗》里的忠诚

安史之乱时，安禄山攻陷长安，俘获了一大批没来得及逃走的唐廷官员，王维就是其中之一。当时的王维，虽官职不算太高，但名气不小。

安禄山为了笼络人心，便费尽心思想收买王维为己所用。王维于是服药装哑想蒙混过关。安禄山便把王维软禁在普施寺，并派手下的谋士轮番到寺院进行劝说。

后来，王维听闻安禄山叛军对乐工实施的恶行，哀伤不已，写了一首《凝碧诗》:“万户伤心生野烟，百僚何日更朝天。秋槐叶落空宫里，凝碧池头奏管弦。”但是，王维还是没能逃过叛贼的威逼，被迫出任了伪官。王维写的这首诗在当时广为流传，甚至都传到了唐肃宗那儿。大唐军队剿灭叛贼之后，朝廷对在叛乱时期出任过叛军伪官的人严加处罚，但是王维因为这首《凝碧诗》得到了皇帝的宽恕。

童言童语

分别是什么

妈妈告诉我

分别就是和喜欢的小伙伴说再见

等到第二天再相会

爸爸说

分别还是将一杯香甜的酒

洒向远方

然后轻轻地说珍重

古诗现场

风从大唐阳关来

孩子，还记得那日折下的柳枝吗？在冬日里仍然是青绿的模样，它是送别时最好的信物，送到最爱的友人手边，两人执手，无语泪流。

孩子们，你们会长大，在不久的将来，也会面临朋友的远行，请记住为朋友唱起这首《阳关曲》，任风沙四起，任泪水汹涌，最后，彼此拥抱，告别。

你知道吗？最温暖的“友”，像在“人”旁多了一个支撑，又像一个“支”字，给天涯海角的人以心灵的支持。多么幸运，人生得一知己足矣，不论何时，彼此都能感受到那份温暖的依靠。

那天，王维送别友人元二，远处大漠上的宴席正在等待着这位安西都护。

风起陌上，柳树清新的嫩芽正吐绿，昨天的泪痕还未干，今晨又是分别。渭城的柳比其他地方的柳更显清新，远行的心，在这里徘徊。

元二，我的朋友，摩诘在这里对你说，走吧，不要回头，远方，马正奔腾，山在欢呼。

来，杯中酒，一饮而尽。朋友，喝酒吧，长亭更短亭，是我深深浅浅的送别之情。

或许，当你走远时，回头还能见到我遥望的双眸，那眉眼里，勾勒的是如墨的山——行人更在远山外。

而我，只能张望，人生的陪伴也不过是同行一段。

送行，是人生的一次饯别，离人乘坐的车子慢慢前行，而那送行的人，只能看着离人的背影渐行渐远。

那么，当大唐的风慢慢从边关吹来时，朋友，请学会豁达，人生不是用来感伤的。

你终要独自面对你的诗和远方，我且奏响这曲琴歌，看着你面带微笑走向远方，迎接别样风光。

小白诗趣

找朋友

你知道作者送别的是哪位朋友吗？

送__________使安西。（王维）

晓出净慈寺送__________。（杨万里）

黄鹤楼送__________之广陵。（李白）

芙蓉楼送__________。（王昌龄）

诗意书画

答案：元二　林子方　孟浩然　辛渐

4. 一颗南国的红豆

相 思

［唐］王维

红豆生南国，春来发几枝。

愿君多采撷①，此物最相思。

小诗浅译

红豆生在阳光明媚的南方，

每逢春天不知长多少芬芳。

希望思念的人儿多多采摘，

因为它最能寄托相思柔肠。

① 采撷（xié）：摘下，摘取。

诗人逸事

状元的《郁轮袍》

唐开元七年（719），王维入京参加京兆考试，却意外得知一同应试的张九皋已经被太平公主定为这次考试的“解头”（第一名）。这让本想凭真才实学夺魁的王维深感不安。

王维将此事告诉了好朋友岐王。岐王给王维出了一个妙计：他让王维先挑选以往的佳作，抄录成卷，再作一首琵琶新曲。几天后，岐王让王维换上华丽的衣服，带他来到太平公主的府第。

公主设宴款待岐王，并安排乐舞助兴。席上，岐王让王维献上自谱的新曲《郁轮袍》。公主听罢，称赞不已。岐王又将王维事先抄录好的诗卷奉上，公主看后，又是一阵惊叹。因为太平公主经常诵读这些诗篇，本以为都是古人佳作，没想到竟出自王维笔下。因此，公主对王维大加赞赏。

京兆考试结束，王维果然得中解头。

童言童语

山上有一树红

躲在簇簇百花丛中

我摘下其中一串

一粒留给自己

一枚送给妈妈

还有一颗

送给你

愿你——

永远不要忘记我

古诗现场

一颗南国的红豆

那天，一颗红豆从南国的树上掉落，我携着你的手，轻轻拾取，犹如拾起一滴泪。这滴泪淋湿了南梁的梦，湿透了唐朝的思念。

那红豆也许就是江阴的红豆，经过南梁的时候，它还是颗无生命的红豆。

南梁的短暂时空里，昭明太子萧统一袭锦衣，走在江阴香山寺外的顾山小镇，不期然地，遇见了一个聪慧有灵气的姑娘。太子和平民的爱情怎能抵挡流言蜚语，女子相思成疾离开了人世。从此世上就有了相思红豆树，一年一度，红如鲜血，滴落满地。

红豆庵外红豆树，这棵世间最多情的树，从南梁一直屹立到元朝，却在某天突然白首，它枯萎了。直到几百年后的乾隆年间，思念之心才重新从它的根部滋生蔓延，枯萎的主干上竟然萌生了四株新枝。从此，人们相信，相思可以延续一段轮回的传奇，于是在每个情窦初开的日子，男孩女孩采摘红豆，系上飘带，许下心愿：执子之手，与子偕老。

“春来发几枝”，新枝不断地萌生，生生世世，不离不弃，只要撒下相思的种子，终有一天，望尽天涯，不过咫尺。

那夜，一颗叫相思的红豆，就这样掉落到树下，月光照亮了这颗红豆，红色中似乎染着点点泪，树下弹琴长啸的男子缓缓拾起了它。幽幽地，男子想起爱人，想起朋友，还有更多的情思，散落在树下的每个角落。

他站起身，踱着步。一个人的时候，弹琴、作画、吟诗……那红豆便代表思念的心，等着和你相会！

你在何处？岐王宅里？崔九堂前？

繁华故都，一个是最有名的“诗佛”，笔下诗句，一念成佛，万人吟诵；一个是最有名的乐师，梨园奏乐，一声高歌，听者喝彩。

多年后，李龟年忆起王维，忆起相思豆，忆起昨日繁华。

“愿君多采撷，此物最相思”，一出口，泪已潸潸。

小白诗趣

诗句接龙

红豆生南国→国__________→

在君塘下种→种__________

诗意书画

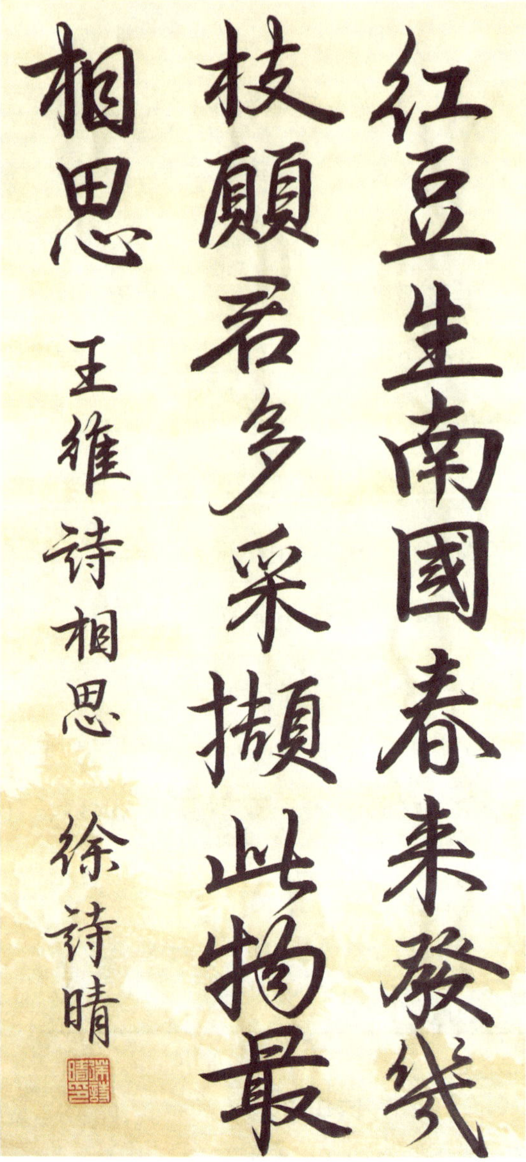

答案：国破山河在　种豆南山下

5. 折一枝春天的柳

咏 柳

［唐］贺知章[1]

碧玉妆成一树高，万条垂下绿丝绦[2]。

不知细叶谁裁出，二月春风似剪刀。

小诗浅译

高高的柳树长满了绿绿的新叶，

柳条像千万根绿丝带轻轻飘摇。

不知道细细的柳叶是谁裁剪的，

这二月的春风真像灵巧的剪刀。

① 贺知章：字季真，自号四明狂客。与张若虚、张旭、包融并称“吴中四士”。

② 绦（tāo）：用丝编成的绳带。这里指像丝带一样的柳条。

诗人逸事

金龟换酒

大诗人李白初入长安时，还没什么名气。一次偶然的机会，他结识了当时身为太子宾客、秘书监的贺知章。

贺知章在读了李白的诗歌后，大为赞赏，他感叹道：“先生莫非是仙人下凡不成？”两人相谈甚欢，都有相见恨晚之意。

于是贺知章热情地邀李白去喝酒。他们找了一家幽雅静谧的酒楼，边喝边聊，好不快活。待到结账时，贺知章一掏腰包，却发现自己忘记带钱了。这可怎么办呢？这时候，他低头看到腰带上系着的金龟，便毫不犹豫地解下来交与店小二充当酒资。

要知道，这金龟可不是一般的东西，不但价值不菲，更是身份的象征。可是，在贺知章眼中，没有什么比友情更珍贵。

童言童语

咦，是下雪了吗

我伸出小手

手上被画笔染得五颜六色

我跳起来抓住它

像羽毛一样，软软的，轻轻的

小心地戳戳它，又松开

生怕把柳絮融化

古诗现场

折一枝春天的柳

春色中分，孩子们，去郊外走走。

折一枝春天的柳，闭上眼，绕在指间的柳条会带你遇见那一年的繁华。

那一年，冬去春来，长安城，东门外。天子赋诗，百官饯行，太子宾客贺知章，脱去官袍穿道袍。“少小离家老大回”，那陌上缓缓发芽的嫩柳，还是离家时的模样，摇曳着少年时的欢欣。

折一枝嫩柳，一声叹息：故人皆已不再，唯你在等我，等我鬓发斑白，而你依旧笑靥如花。

孩子，此时为你折下一枝新柳，你一定可以看清它轮回的身影：是韩翃寄予柳氏的章台柳吧？也许是，因为那上面依稀有女子的斑斑泪滴；是白居易望断离别情的青门柳吧？也许是，那一树的伤心色怎么就那么沉重；是李白感伤的灞桥柳吧？年年柳色只伤别，一定是的，灞桥两旁的万株杨柳，可曾听见一声紧似一声的呼唤，因为，贺知章离开长安后，同年三月，李白被赐金放还。

于是，柳也是“留”，当我将那柳树的枝条放进你的手中，不要说你无视一切的离别，人生或许就是无数的离别与重逢，但请相信，无论你身在何方，我永远惦念着你。

二月的东风伴着细叶飞入寻常百姓家，你寻着儿时的屋舍，迎面走来一位身着青衣的女子，娉娉袅袅，正在柳树下舞着。女子随手扬起的衣袖成了眷恋的剪刀，一起，一落，剪一地的爱恋，剪一生的思念。

从此，是否前尘已了？只记得当年——他是四明狂客，饮着狂酒；傍着张旭，写下狂草；倚着李白，吟着狂诗。

岁月撩起轻纱，你笑了，一个老者，久居繁华，历经沧桑，却仍是稚子的眼眸。

二月的柳舞起来吧，折一枝春天的柳，看你在树下满心欢喜。

小百诗趣

看图猜诗

这是小朋友为贺知章的一首诗配的插画，你知道是哪首诗吗？

答案：《回乡偶书》

6. 风筝在春天等你

村 居

［清］高鼎[1]

草长莺飞二月天，拂堤杨柳醉春烟。

儿童散学归来早，忙趁东风放纸鸢[2]。

小诗浅译

农历二月天青草生黄莺飞，

杨柳轻拂堤岸沉醉于春风。

孩子们早早就放学回家了，

赶忙趁着春风放飞了风筝。

① 高鼎：字象一，又字拙吾，清代后期诗人。

② 纸鸢（yuān）：是一种纸做的、形状像老鹰的风筝，泛指风筝。鸢，老鹰。

诗人逸事

扎风筝的老爷爷

早春二月，孩子们都跑到大晒场去放风筝了。有一个孩子羡慕地看着大家，那些风筝高高地在天上飞着，有的像老鹰，有的像鸽子，有的像小鱼，他想，如果有一个属于自己的风筝就好了。这时候，走过来一位老爷爷，手里拿着一个大风筝，有五颜六色的花纹，真漂亮。他目不转睛地看着老爷爷，老爷爷笑了，问:“孩子，你想要这个风筝吗？”

当然想，他在心里回答，却不好意思地笑了。老爷爷拉着他的手，把风筝轻轻递给他，然后教他怎么放风筝。

他高兴地跑了起来，风筝也飞了起来。回头准备感谢老爷爷时，老爷爷已经在给别的小伙伴扎风筝了。

大家都喜欢这个扎风筝的老爷爷，他就是回到乡下隐居的清朝大诗人高鼎。

童言童语

天上风筝

放得高高的远远的

我看啊看啊

哥哥的风筝比我的高啦

我叫爸爸再跑远些

再跑快些

我要放最高最远的风筝

这样就能听见春姑娘的悄悄话啦

古诗现场

风筝在春天等你

当一个个纸鸢被放飞时，正是清朗春日，花朵争艳，草木争绿。人们在田野嬉戏，有人蹴鞠，有人荡秋千，有人放纸鸢，一直到日暮时分。

第一个放纸鸢的人，是否也有一个和天相接的梦想？

鸢是一种鸟，一种比鹰还凶猛的鸟。当这样的鸟被人们温柔地抚摸在指间时，不知它是怎样的感受，还想与天公试比高吗？

好一颗比高的心，最终比不了高，便需要来些浪漫和柔情。

到了五代，纸鸢被系以竹哨，风入竹哨，声如筝鸣，温婉妩媚。那一刻，风中传来的讯息，便成了纸鸢的新名字：风筝。

人们喜欢风筝，喜欢那风中飞起的自由精灵，喜欢那风中回荡着的温情哨声。

这样的风筝，一定要遇着一个草长莺飞的二月天，杨柳拂面，春烟迷蒙，游人微醉。

这样的风筝，一定要逢着一片空旷辽阔的田野，孩子们仰面看天，跑得飞快。

这样的风筝，一定要迎着一个五彩缤纷的花园，樱花散，桃花漫，牡丹艳……

这样的风筝，有时会幻化成逐梦的蝴蝶，不顾你的挽留，一路迎着朝阳飞舞。

这样的风筝，最好遇见一群散学归来的孩子，在欢声笑语中，风筝的轴线即使断了，也会直上碧霄，被风吹落在杏花枝上。

这样的风筝，需要被一个曼妙的女子轻轻扯起，在风中上下起伏，翩跹起舞。女子挽起发髻，坐于草丛，盼风筝捎去沉睡一个冬季的相思。

这样的风筝，或许有一个孩子最喜欢，他骑在牛背上，任牛步伐蹒跚，他吹起横笛，风筝在眼前悠然飘荡。

趁东风，放风筝吧，放飞一个个清晰可辨的青春幻想。

因为总有些风筝，执拗地在春天里等你，等你一起放飞，放飞你孩童时代的梦想。

小百诗趣

百科小博士

除了放风筝，古代的孩子们还喜欢哪些游戏呢？

诗意书画

答案：蝴蝶 投壶 斗草

7. 聊赠江南一枝春

江南春

［唐］杜牧①

千里莺啼绿映红，水村山郭酒旗风。
南朝四百八十寺，多少楼台烟雨中。

小诗浅译

江南处处莺歌燕舞，绿树红花相映，
临水村落依山城郭，处处酒旗飘动。
南朝遗留下来的四百八十多座古寺，
如今有多少楼台笼罩在朦胧烟雨中。

① 杜牧：字牧之，号樊川居士。与李商隐并称“小李杜”。

诗人逸事

秘密报告

唐大和七年（833），三十一岁的杜牧受到淮南节度使牛僧孺青睐，被其征召为幕僚，负责处理府里的公文往来。来到扬州这个繁华世界后，杜牧几乎夜夜宴游。此时他的身后总有二三十名换了便衣的兵士，暗中保护着他。

几年后，皇帝让杜牧任监察御史，牛僧孺为他设宴送行，告诫他说："以你的气概，将来一定会取得更高的职位。但我经常担忧，怕你因迷恋风情而不能控制自己。"杜牧随便应付说："幸亏我还能经常检点自己，不至于让你为我担心。"牛僧孺笑了笑，让侍童取来一个小书箱，并当着杜牧的面打开。原来里边都是那些跟在杜牧后边穿着便衣的士兵写的秘密报告，有好几十份，内容是某天晚上杜牧在某家饮宴，某天晚上又在某处游乐，平安无事，等等。杜牧看后，感到很羞愧，流泪向牛僧孺下拜致谢。

牛僧孺死后，他的墓志铭是杜牧写的，这也是杜牧对他的一种答谢。

童言童语

你听到过春天吗

我总能听到它

在小鸟的欢快歌声里
在淅淅沥沥的小雨里

你闻到过春天吗
我也能闻到它
在春风吹来的花香里
在小草散发的香气里

呀，春天原来就在我的身边

古诗现场

聊赠江南一枝春

说来奇怪，他生长在京城，却独独眷恋江南的水乡，江南的木桥，还有那酒旗招展的江南村落。

他去江南的宣城，看日暖泥融，看白雪半消，看行人芳草。

他去江南的兰溪，赏碧水泱泱，赏映水兰花，赏绵绵春雨。

秀美江南已经住进他这个长安异乡客的心中。

他走在江阴，这座城池以鸟语花香的美妙迎接着他。黄莺鸟欢唱着千里的绿意、千里的姹紫嫣红。他穿梭其中，卷袖、磨墨，提笔落下妙不可言的句子。

也只有这样的江南，才能给予他无穷的爱恋，多桥多水，多柳多花，多岸多堤，也多美娇娥。

鲜花丛中，他最爱红药，曾经骏马走扬州，那十里春风，纵是卷起珠帘卖俏粉黛都比不上的美，便是那如红药般的女子。这女子在二十四桥上吹起了动人的箫。他爱江南的春天，因为只有这样的春天才有豆蔻梢头的娇嫩。

太阳刚爬过春天的山村，桑树的柔条在村坞摇曳着，村中的人家迎他进门，有佳酿，有鸡黍，一切尽在，直到樽空人归去。

把酒坐芳草，犹有佳人倚，这当是他人生中最美妙的瞬间。

出了村口人家，醉意阑珊，正好赏景。

那远处的南朝旧寺庙，矗立在烟雨蒙蒙中，香火味混着泥土味从风中飘散过来。他不信佛，也不太喜欢帝王笃信佛教，因为过于虔诚，会误了国家，误了百姓。

渐渐地，他学着将历史和现实交错在诗行里，在文赋中。

就好像他现在走在江南，他最爱的江南，看到这兴于南朝的寺庙，那树影掩映下的金碧辉煌和屋宇重重让他想起了当年的梁朝，笃好佛教的梁武帝、梁元帝，风靡一时的长芦寺，到头来却是一场空，晚唐的帝王与这何其相似！他怕历史重演，更怕大唐就如风中的寺庙，颓圮而荒废。

可是大厦将倾，他不过一粒尘埃，又能于事何补？

一声叹息，聊赠江南一枝春吧！

小百诗趣

地理小博士

你能帮助东、南、西、北找到属于自己的位置吗？

故人____辞黄鹤楼。　　____朝四百八十寺。

忙趁____风放纸鸢。　　孤山寺____贾亭西。

诗意书画

答案：西　南　东　北

8. 飞花散入百姓家

寒　食

［唐］韩翃[1]

春城无处不飞花，寒食东风御柳斜。

日暮汉宫传蜡烛，轻烟散入五侯家。

小诗浅译

暮春的长安城处处柳絮飞舞落红无数，

东风在寒食节吹拂着皇城御苑的柳树。

傍晚皇宫开始传送蜡烛赏赐王侯近臣，

袅袅的轻烟飘散到王侯贵戚们的住处。

① 韩翃：字君平，“大历十才子”之一。

诗人逸事

离散多年终聚首

一次，韩翃去好友李生家拜访，见到了好友的歌姬柳氏，两人一见钟情，彼此倾心。李生对此不但没有生气，反而备了厚礼，为两人主婚。

娶柳氏为妻的第二年，韩翃新科及第，要回昌黎省亲，便让柳氏暂时住在长安。不料后来发生了安史之乱，两京沦陷，这对有情人便不能相见了。柳氏为了躲避兵祸，保全自己的贞洁，将头发剪掉，寄居法灵寺，但还是被蕃将沙吒利劫掠。

此事后来闹到了唐肃宗那里。经过皇帝的审断，最终把柳氏还给了韩翃。历经磨难，离散多年的两人终于团聚。

童言童语

寒食节的秋千

高高地荡起

好像天边张开翅膀的小鸟

秋千下站着

四五个焦急等待的小朋友

快些，再快些

什么时候才能轮到我呀

肚子里凉凉的青团也要一起荡起来呢

古诗现场

飞花散入百姓家

大唐建中年间，德宗高坐在朝堂，只一句："与此韩翃。"一个落魄文人便一路攀登青云梯，终至中书舍人。

收到那纸圣谕时，你正和久别重逢的柳氏迎着郊野的风，轻轻吟唱："春城无处不飞花。"

大历十才子中，数你韩翃最有才，也最幸运，几番辗转，几番离别，终于和爱人再聚首。章台柳，章台柳，昔日青青终聚首。因为这份浓情蜜意，这听上去充满冷意的寒食节，从一开始就寄托了最热烈的思念。

当年晋文公放火逼迫介子推出山做官，却不知火光中恩人抱柳被焚。自此以后，逢此难日，天下禁火，须吃冷食。待到第二年，被火烧过的地方，柳树竟焕发生机，被人唤为"清明柳"。

枯木逢春，这当是对寒食节最好的思念吧。

春日正好，思念之花盛开在郊野。路旁垂髫的小女孩头上斜插着几朵白兰花，踮着小脚，娇笑着唤同行的伙伴去采桑，去摘花。男孩三五成群，拾起弹弓，对着远处枝头的鸟雀射击，石子飞出，枝头花乱颤。

你和柳氏倚在树下，感受这寒食天里的温暖春光。远处牧笛声声，耕牛驮着孩子们回家了。家家屋顶，因为寒食节禁火而无袅袅炊烟。

黄莺欢啼，陌上人缓缓归，你们也往家踱去。日已暮色，宫墙内开始燃起烛火，中官们奔波在大街小巷，骑马送蜡烛，散入五侯家的何止是轻烟，更是一份共享太平的快乐。

德宗就是感受了这样的快乐，才屡屡在寒食节惦记你，并将你和另一个韩翃区分开，升你官时也要强调，是赐予写《寒食》的韩翃。

因一首诗被铭记，只怕是你和《寒食》诗最幸福的归宿。

历经一千两百多年，寒食节淡去，清明节盛行。只是这一天，仍属于寒食，属于你，孩子们吟唱《寒食》诗，玩起“飞花令”，喝一碗清粥，嚼几口青团，飞花早已散入寻常百姓家。

小百诗趣

飞花令

飞花令来源于《寒食》中的“春城无处不飞花”。请说出表格中含“花”的诗句。

花						
	花					
		花				
			花			
				花		
					花	
						花

诗意书画

答案：花落知多少（《春晓》） 桃花潭水深千尺（《赠汪伦》）

柳暗花明又一村（《游山西村》） 人闲桂花落（《鸟鸣涧》） 能开二月花（《风》）

牧童遥指杏花村（《清明》） 化作春泥更护花（《己亥杂诗》）

9. 漫步一座杏花村

清　明

［唐］杜牧

清明时节雨纷纷，路上行人欲断魂。

借问酒家何处有？牧童遥指杏花村。

小诗浅译

江南的清明，细雨正纷纷，

路上的行人，心绪很苦闷。

远处的酒家，请问在哪里？

小小的牧童，指向杏花村。

诗人逸事

善于反思

杜牧二十岁成名，二十六岁高中进士，之后又制策登科，他当时的心境可谓“心花怒放”，用孟郊的“春风得意马蹄疾，一日看尽长安花”来形容丝毫不为过。

一天，杜牧与友人到长安城南的文公寺游览，进去后发现里面静悄悄的，只有一个穿着粗布衣服的老僧在打坐。杜牧与之交谈，觉得此人语出惊人，句句是玄言妙语，远非一般僧人所能比。老僧问杜牧的名姓和官职，与杜牧同行的人纷纷大唱赞歌，说杜牧出身名门，而今如何名满长安之类，谁知老僧微微一笑，说道:“皆不知也。”

杜牧听后虽然失望，但没有恼怒，而是深刻反思，并作诗一首:“家在城南杜曲旁，两枝仙桂一时芳。禅师都未知名姓，始觉空门意味长。”由此可以看出杜牧是个善于反思的人。

童言童语

清明躲到哪里去了

藏在奶奶做的软糯糯的青团里

落在妈妈花花绿绿的伞面上

滑进爸爸苦涩的酒杯中

最后跳到屋外的杏花上

唱一句只有爷爷听得见的歌谣

古诗现场

漫步一座杏花村

那一年，清明时节，晓风微寒，细雨斜织，风流的小杜正在池州漫游。

《岁时百问》里说得好："万物生长此时，皆清洁而明净，故谓之清明。"

清明正是春色好时光，万户人家，点染出一幅《清明上河图》。你看，多好的节日，菜花黄，桃花粉，莺儿啼，蝶儿忙，纸鸢和孩子们一路奔跑着。清明前后，种瓜点豆，大街小巷响起了孩子的歌谣。

只是这一年的清明不同了，细雨纷纷落下，惹得风流的小杜好一阵感伤——出京为官，总是失意的；恋人未至，总是失落的。

他是行人，是这江南的过客，他想起二十三岁那年，一首《阿房宫赋》震惊朝野，他是真正的唐代才子。

和他的才情一起闻名的是他的多情。"娉娉袅袅十三余，豆蔻梢头二月初。"扬州的，湖州的，一个个妙龄的女子，他爱怜着，珍惜着，思念着。相思最深的当是吴中女子，十年之约，终是命运弄人，再见已是十四年后，女子早已“绿叶成阴子满枝”，他只好“自恨寻芳到已迟”。

屋檐上，石路旁，滴下的清明雨，从池州到吴中，都是他思念的泪吧？

这时节，望乡不得，思念不行，只有举杯。

细雨中，农人披着蓑衣匆忙归家，而他呢，家在何方？

酒家，酒家，何处有？借你屋檐的一角温暖我的心灵！

不远处传来牧笛声，小小的牧童骑在牛背上缓缓走来，听着他的一声声追问，小牧童笑了，又是一个觅酒的异乡人，便歪着脑袋，小手朝身后指去。他不知道自己的这一指，便是千年，千年的寻觅，杏花村安在？

当年的小杜顺着牧童所指的方向寻觅，竟闻到了淡淡的花香。

那从酒肆墙垣攀爬出来的一枝红杏，如画中美人，笑唇轻启，偷眼看着小杜，像极了他思念的吴中女子，婀娜多姿。此时她是否也在赏着杏花，看着闺阁外细雨纷纷呢？

酒肆门开，杏花仿若一下子全都醒了，跳跃着，舞动着，欢笑着，抚慰着行人的断魂肠。他掬一杯杏花酒，酒入愁肠，化作的相思泪，竟酿成了千年的杏花香。

从此，清明时节，人们举起手中的酒樽，一滴一声：

杏花，春雨，小杜。

小古诗趣

百花圃

请给每根花枝插上相应的花卉。

牧童遥指_____村。　　山寺_____始盛开。

千树万树_____开。　　映日_____别样红。

诗意书画

答案：杏花　桃花　梨花　荷花

10. 原来你还在这里

题都城南庄

［唐］崔护

去年今日此门中，人面桃花相映红。

人面不知何处去，桃花依旧笑春风。

小诗浅译

去年今天在这扇门里遇见你，

美丽的脸庞和桃花一样娇艳。

今日再来此地丽人却在何处？

只有桃花依旧在春风里灿烂。

诗人逸事

深挚的爱情

相传，诗人崔护曾在某年的清明节去郊外游玩，因讨水喝而在桃林里结识了一位女子。到了第二年清明节，崔护再回到桃林里的那间小木屋去寻找这位女子，却发现木屋门紧锁着，他没有找到要找的女子，因此写下了《题都城南庄》这首诗。

过了几天，不死心的崔护又去了那间木屋。他看见屋外一位老翁大哭不止，上前一问才知道，老人家的小女儿自从去年清明节以来便神思恍惚，一病不起，如今已气息奄奄。崔护大惊，忙表明身份，并请求老翁带他去屋里。他进屋一看，病倒的姑娘果然就是他魂牵梦萦的那位女子。女子一听到他说话，竟然睁开了眼睛。过了些时日，她的病就完全好了。老翁大喜，便把女儿许配给了崔护。

童言童语

桃花姑娘刚刚到来

我就穿着小花裙去拜访她

我在桃树下玩耍

把落花别在头发上

拦在树下

不允许别的小朋友爬上树枝弄伤她

我们一起做好多好多事情

你听，我们还约定明年再见呢

古诗现场

原来你还在这里

一年过去了，你是否还在桃树下，含羞浅笑等着我？

那天，篱笆外斜倚的那株粉桃，颤抖着把枝条伸展在你的肩头，一簇粉色，映着你的面庞，你的容华若桃花，美得不可方物。

我端着瓷碗，水早已被我饮尽，可我仍不愿放下，只想隔着微醺的春日暖阳，隔着碧树花影，看你。

或许只有在你那一低头的温柔里，我才会渐渐忘却自己的忧伤，科考落第又何妨！

突然，你看向我手中的碗，我顿时窘红了脸：就这么盯着你看，这么失态，是不是太轻佻？你的眼里有一丝丝娇羞，脸颊飞过一片桃花红。我刚好遇见你，在你最美丽的时刻。

多谢姑娘！我递过那只碗，你示意我放下，并不走近。春风摇曳起你发髻上的那朵桃花，我呆呆地凝视着你，又怕太失礼，只好转身离开。

又过一年，等不及春日熹微，等不及满树花儿绽放，我走向长安城的南郊，却心有顾虑：那掩着桃花芬芳的柴门还开着吗？

近了，近了，我的心却怯了，你还在吗？花样年岁，你是否已成为别人的佳人？

近了，近了，怎么不见你的身影？门还是去年的门，门里门外的桃树好像都高了一些，树上的花朵怒放在清晨的暖阳里。

姑娘，你在吗？我轻叩门扉。

人生若只如初见，那么我希望时光定格在去年今日。

千山万水，为何在我最失意的时候遇见你？你仿佛是树下的仙子，轻启朱唇，便如念咒般俘获了我的心，我便惶惶又惶惶，绕着你倚过的树，抚摩着，询问着，盼望你如去年，打开门，递过水，说一句：原来你还在这里。

小白诗趣

诗歌小达人

古代诗人常用“不知”来表达情感。你能为下面的诗句填空吗？

人面不知______，桃花依旧笑春风。

不知_________，二月春风似剪刀。

长恨春归无觅处，不知_________。

诗意书画

答案：何处去　细叶谁裁出　转入此中来

11. 不知不觉遇见你

春　晓

［唐］孟浩然①

春眠不觉晓，处处闻啼鸟。

夜来风雨声，花落知多少？

小诗浅译

春夜里酣睡，天亮了也不知道，

醒来后，听见到处都有鸟啼叫。

想起昨夜风声阵阵、雨声潇潇，

也不知道那春花被打落了多少？

① 孟浩然：号孟山人，世称“孟襄阳”。唐代著名的山水田园派诗人。

诗人逸事

躲在床下的诗人

大诗人孟浩然四十岁时，到长安应进士举却落第了，心情很苦闷，王维便经常邀他对饮。有一天，他和往常一样被王维邀请到内署，也就是王维办公的地方，两人吟诗作对，很是合拍。

当时的皇帝唐玄宗是个喜欢风雅的人，这天恰好来到这里。孟浩然听说皇帝来了，急忙躲藏，便顺势藏到了床底下。有心推荐好友的王维把实情告诉了唐玄宗，皇帝高兴地说："我听说过这个人，很有才气，可为什么害怕我，还要藏起来？"于是下令让孟浩然出来。唐玄宗询问他的诗作，孟浩然便慌慌张张地诵读起自己前不久作的诗作，当诵到"不才明主弃"一句时，皇帝不高兴了，说："你不求做官，而我也未尝抛弃你，为什么要诬陷我？"皇帝一生气，便打发孟浩然回去了。

童言童语

春天在哪里

在夜晚睡觉的枕头里吗

哦，一定是的

我闻到了太阳的味道

春天在哪里

在窗前的鸟啼声里吧

好像是的

那叽叽喳喳叫不停的是谁

春天在哪里

在风里，在雨里

在满地的落花里

春天在哪里

在笑声里

在娃娃的眼睛里

古诗现场

不知不觉遇见你

遥望远山，你顿挫落笔。

“诗仙”李白最爱你，他说：“吾爱孟夫子，风流天下闻。”

是呀，谁人不爱孟浩然呢！

走近你，就远离了红尘琐事，与你并肩就可以欣赏到美丽变幻的风景：在桥上，在水边，在陌上，最后，凝成妙不可言的一瞬——

不知不觉遇见你。

遇见你那天，经过柴门幽径：听，你的鼾声渐息；看，明月笑弯了眼俯视你。

窗外，百花绽开了笑颜，鸟儿开始欢唱。

嘘，轻声点，调皮的鸟儿，莫去惊扰酣睡的夫子。

那梦里一定有酒香四溢的长安街头，酒肆里正端坐着你的友人，李白、王维、张九龄、王昌龄……朝代盛世，文风鼎盛，彼此惺惺相惜成就了一段段友情。好一曲高山流水，在你的梦中浅吟低唱。

这一觉好长，好长！前生仿佛都在一梦间。

还是醒了，人生终究一枕黄粱，再美的梦也不过是昨日胜景。

还是醒了，窗外的翠鸟早已啼穿了整座山林。

人生最美好的事情不正是如此吗？三更有梦书当枕，一觉睡到自然醒；醒来有鸟语，有花香，有枕旁小儿的睡眼惺忪……

透过窗，穿过树，风雨不知不觉地来了，最美好的遇见不正是这样吗？于不知不觉间给你一点惊喜，你正在梦里举杯吟诗，不觉醒来时已是万籁无声。

花落得满地都是，红的，紫的，白的……抬头可见蓝天，低头可拾花瓣。一夜微风雨，一夜花瓣雨，拾起展开，指尖心间，全是柔软。

从此世人只唤你“孟山人”，那红尘琐事于你便是夜间不知何时结束的风雨，来也不惊，去也不喜。

你挥毫泼墨，一卷诗书，满园落花。

花落知多少？不知，不知，你自问又自答，不知多少流年春归也。而“不知”恰是最好的人生态度，难得糊涂，难得洒脱。

不知不觉遇见你，从此便是山中客。

小白诗趣

诗歌小达人

请在诗句中填上带“春”字的词语。

爆竹声中一岁除，____送暖入屠苏。

谁言寸草心，报得三________。

____到死丝方尽，蜡炬成灰泪始干。

诗意书画

答案：春风　春晓　春蚕

12. 独立人间第一香

牡　丹

［唐］皮日休[1]

落尽残红始吐芳，佳名唤作百花王。

竞夸天下无双艳，独立人间第一香。

小诗浅译

百花凋谢了牡丹才吐芬芳，

美妙的她被唤作百花之王。

人人都夸她是天下第一美，

百花之中就属她香艳无双。

① 皮日休：字逸少、袭美，自号鹿门子、醉吟先生，晚唐诗人。与陆龟蒙交游唱和，世称“皮陆”。

诗人逸事

一只眼睛

皮日休被州官推荐到长安参加进士考试，但他为人耿介，不愿阿谀奉承，最终没有得到高官的引荐。

第二年，他带上了自己的作品集向达官贵人投赠，并再一次参加了进士考试。这次考试的主考官是礼部侍郎郑愚，他极为欣赏皮日休的诗文，还没有发榜，他就派人把皮日休请到自己府衙里叙谈。郑愚原以为皮日休的诗文如此出众，人也应该长得眉清目秀，但等见了面，郑愚大失所望。因为皮日休的左眼角下塌，远远看去，就像少了只眼睛。

见此情景，郑愚半开玩笑地说道："您可谓才高八斗，学富五车，只是您仅有一只眼睛能用，那真是太可惜了！"皮日休对郑愚的玩笑很是反感，反驳道："侍郎大人，您可千万不能因为我这一只眼睛，而使原本长有两只眼睛的您也丧失了眼力啊！"这话大大地刺痛了郑愚的自尊心，于是把皮日休从榜中的中等位置调到了最后一名。

童言童语

多香！多美

洛阳的牡丹是唐朝的牡丹呀

是杨贵妃的牡丹呀

是李太白的牡丹呀

我多想和她合照

但怕碰坏她的枝叶

又怕没有她好看

被她比下去

古诗现场

独立人间第一香

人间四月天，等到花间第一香。

这牡丹，还有一个与节气有关的名字——谷雨花。谷雨之后，仿佛所有的花都商量好了似的，静静地消散了她们的秀美容颜，等待着满园国色吐芬芳。

清晨，牡丹刚吐蕊，你便来了。

晚唐时分，洛阳的街巷，钟声不再洪亮，但牡丹仍是动人的美，一夜之间，满栏开似雪，引得全城车马喧喧。

你于牡丹丛中，着朱丹色衣裳，坐在绿茵地上，和朋友对饮，聊一聊沿途所见所闻的民间疾苦，四弦罢酒，一枝春寒，共唱千韵诗。这时候的你就好像满园牡丹，绿艳红衣，气骨犹存，难怪后人鲁迅赞你是“一塌糊涂的泥塘里的光彩和锋芒”。这光彩，这锋芒，当是暮春时节里独一无二的牡丹红！

或许只有残红褪去，才有傲骨芳香，从而戴一顶百花之王的冠冕。

这百花的王，在你心里有了人选，“欲知圣人姓，田八二十一。欲知圣人名，果头三屈律”。这首诗备受争议，有人说你因它而重用，有人说你因它而被斩，历史的真相有时显得那么欲盖弥彰。

你懒得争执，那时候你是敬佩这个农民起义领袖黄巢的，认为他落第了，竟还有豪情满怀的壮志：“待到秋来九月八，我花开后百花杀。冲天香阵透长安，满城尽带黄金甲。”这菊花，杀尽百花终夺魁，多像眼前的牡丹，散了乱红方得春。

无人来争，也无人能争，你毫不掩饰自己的敬仰之情，天下无双，人间第一，这个自号“冲天大将军”的黄巢称帝了，你便成了他的翰林学士，陪帝王舞文弄墨，赏牡丹春草。

历史不知你魂归何处，或许就是在某一个春风煦煦的早晨，人们发现了你，你醉在牡丹花丛中，信手一笔，毫端生花。“国色朝酣酒，天香夜染衣”，你如牡丹，独立人间第一香。

小白诗趣

百花圃

和大家分享刘禹锡的这首诗。你还知道哪些描写牡丹的诗？

赏牡丹

庭前芍药妖无格，池上芙蕖净少情。

唯有牡丹真国色，花开时节动京城。

诗意书画

答案：王维《红牡丹》 苏轼《吉祥寺赏牡丹》

13. 鸟啼山林落桂花

鸟鸣涧

［唐］王维

人闲桂花落，夜静春山空。

月出惊山鸟，时鸣春涧中。

小诗浅译

随意闲走听春桂纷纷飘落，

宁静夜色中春山一片寂寥。

月亮升起惊动山中的栖鸟，

不时在春天的溪涧中鸣叫。

诗人逸事

巧破偷瓜案

大诗人王维少年时就非常聪慧，而且富有正义感。一天，他听见邻居刘老爹在瓜田大哭，前去询问，刘老爹说自己的瓜被人偷去了不少。

王维下田一看，发现瓜几乎被洗劫一空，他气愤地说："偷这么多瓜，准是拿去卖了，我陪老爹到市集里走一趟，好吗？"

两个人一同来到市集，果然看见一个高个子男人在卖瓜，刘老爹一眼就认出那人卖的是自己种的瓜，便上前理论。卖瓜的高个子男人气势汹汹地说："你凭什么说这瓜是你家的？"刘老爹说："我自己种的瓜，难道我还认不出吗？"王维喝令高个子男人去见官，高个子男人说："你说我偷瓜，有什么证据？"王维一听，忽然灵机一动，他气喘吁吁地跑回刘老爹的瓜田，取来一大把瓜蒂。大家都帮着用瓜蒂去对瓜的底部，果真都能一一对上，由此证明瓜确实是刘老爹的。

最后，县官判决偷瓜贼赔偿刘老爹的瓜，还狠狠责打了偷瓜贼四十大板。

童言童语

夜晚的山林

爸爸妈妈带我搭起帐篷

刚搭好

桂花姐姐就偷偷来看我

因为呀，我闻到了她留下的香味

小鸟妹妹也偷偷来了

怕我追过去

带着歌声一路从山谷飞到高处

这么多好朋友呀

我在帐篷里开心得手舞足蹈

古诗现场

鸟啼山林落桂花

辋川别墅，银杏树下，是你吗？和友人裴迪对坐，兴之所至，弹琴赋诗，长啸歌咏，那声音穿过山间的清流，汩汩流淌了一千三百多年。

辛夷坞、竹里馆……你的蓝田，你的归隐之地，从终南到此处。你舍弃的轩冕在红尘中向你招手，你轻轻地挥别，潇洒的衣袂飘舞在山间。

在孩子们眼里，你只是王维，你和官场无关，和佛家无关。你就是个任笔墨游走的孩子，没有纸也无妨，眼前槲叶无数，随意一点，便染成巍峨黛山。

世人赞你“文章冠世，画绝千古”，人们在你的诗和画之间流连忘返，就好像迷恋一座山、一条河，徜徉其中，沉醉不知归路。青春的时光和自由的灵性，都脱胎于吴越的山水，将近十五年的漫游经历，大概是你最美好的回忆了。

山林里最美的当是眼前的桂花，踏过秋冬，到了春季竟也芳香四溢，这让你生出错觉，以为自己徘徊在时空之外，世俗之外。或许只有你能听到花落满地的声响，白天里的那些俗世纷扰，在此时全都逝去。月光清亮之际，天香桂子纷纷落下，这是最美好的时刻，你爱这样的时刻，迎着散落的芳香，你的脚步轻盈。

你来了，仿佛所有的花都绽放了，然后又都飘落了，刹那芳华，散在你的面前。你轻吟着桂花的别名，木樨，木樨，细长的声响入耳、入心，一地淡黄，一夜间酿成佳句。

你珍惜着，爱怜着，只一轻叹，春山成空。

念念不忘，必有回响。深夜，这声响透过月亮的光渐渐清晰起来，划破山谷，惊醒了林间的宿鸟。鸟儿只一振翅，整座山都欢腾了，树影婆娑起舞，山间溪涧纵横，你惊喜万分。

你知道，这就是独一无二的邂逅，白日里的郁郁不得志，白日里的云卷云舒，全都散落在夜晚的山林，声声啁啾，世界骤然宁静！

你怎能不爱这山谷呢？溢满花香，泻下月光，只闻鸟唱！

小白诗趣

点字成诗

请你从右面九个字中识别一句诗。

人	知	闲
落	桂	春
鸟	少	花

诗意书画

答案：人闲桂花落

夏卷

14. 陪你看栀子花开

雨过山村

［唐］王建①

雨里鸡鸣一两家，竹溪村路板桥斜。
妇姑相唤浴蚕去，闲看中庭栀子②花。

小诗浅译

雨中传来鸡鸣声，山村里一两户人家。
小溪两旁有翠竹，板桥连着一路山花。
婆媳俩相互呼唤，约着一起浴蚕选种，
庭院中的栀子花，独自开放无人赏它。

① 王建：字仲初，世称“王司马”。擅于乐府诗，与张籍齐名，并称“张王乐府”。

② 栀（zhī）子：常绿灌木，春夏开很香的白花。

诗人逸事

妇女的知心人

诗人王建擅长写妇女题材的诗歌，他往往将目光聚焦于女子在婚姻家庭中的种种际遇。为了更好地体验生活，他经常走进妇女群体，倾听她们聊的家长里短，有时还煞有介事地为大家出谋划策，因此被大家戏称为“妇女的知心人”。

有一次，邻居家娶了一房媳妇，但这个新妇有些腼腆，不敢和大家在一起说笑，于是王建就写了一首《新嫁娘词》：“三日入厨下，洗手做羹汤。未谙姑食性，先遣小姑尝。”这首诗用三言两语塑造了一个聪敏、灵巧的新媳妇的形象，写尽一个新嫁娘的单纯天真。

其他邻居读了这首诗，都争着来看这位新嫁娘，时间长了，新嫁娘也就没有了当初的羞涩，开始和大家畅所欲言。当然，她们每次聊天的时候，旁边依然坐着这个“知心人”——王建。

童言童语

栀子花开呀开

像仙子穿起纯白色的衣裳

像女孩子低下含羞的脸庞

栀子花开呀开

把清香的气味别在胸口

留到梦里

你说，今晚的梦有夏天的气息

古诗现场

陪你看栀子花开

初夏了，栀子花随处可见，在微风里静静摇曳。

如果每一种花都有一位仙子守护，那栀子花中一定住着一位素衣飘袂的女子，于发际别一枝清幽的栀子花，手摇一把团扇，不着一丝妆容，却有万种风情。迎着这位仙子，王建走来了，看细雨斜织在山间小径，看村落里村民你来我往。

鸡鸣一两家，多么静谧的村庄，山麓人家似乎从陶渊明的笔下落到了眼前，篱笆院外桃李的果实开始压枝头了。世外桃源便是这样，缘溪行，眼前便柳暗花明又一村。王建此刻也是，嗅着栀子的芬芳，随意游走，不知不觉间，竟闯入一方仙境。

在山村的入口，伴着潺潺小溪，萧萧竹音，缓缓吟唱，清越悠扬。凉亭中的诗人禁不住闭上眼倾听，心有清音短笛，便胜过世间万千。

木板桥上走过三三两两荷锄的农人，板桥吱呀吱呀，横斜在水上，温柔地抚慰着行色匆匆的他们。好一番“男声欣欣女颜悦”，田家最忙的就是这时候了，即使天空下着雨，也要在田间劳作，却都没有怨言。在这山村里，诗人只听见和着竹笛的快乐山歌。

歌声里，诗人起身，朝板桥走去，朝村落走去，朝快乐走去。对面走来的两个人，看样子是婆媳俩，她们招手呼唤着，携手笑着，约好去浴蚕。诗人抬眼望去，蚕种已在她们纤细的手指间轻轻漏下，漏在雨后的桑叶上。仿佛只一晃眼，蚕就可以长大，蠕动，结茧，吐丝，最后落成绫罗绸缎。

这样一想，你便面露笑颜了。那笑靥就如发髻上的一点白，美丽动人，恰如庭间的栀子花，又如晶莹剔透的玉。

此刻，相唤浴蚕的村妇，巧笑倩兮，美目盼兮，如栀子花一般，散溢着从《诗经》里走来的清雅，不施粉黛，自是国色天香，成为乡野间最动人的景色。

黄昏，浴蚕归来，栀子花早已在中庭等候。此刻最幸福的事便是：陪你看栀子花开，看花开满枝，看满枝繁华，看繁华一季，看一季欢喜。

小百诗趣

找伙伴

农家田间的小伙伴，你能找到吗？

竹外桃花三两枝，春江水暖____先知。

明月别枝惊鹊，清风半夜鸣____。

黄梅时节家家雨，青草池塘处处____。

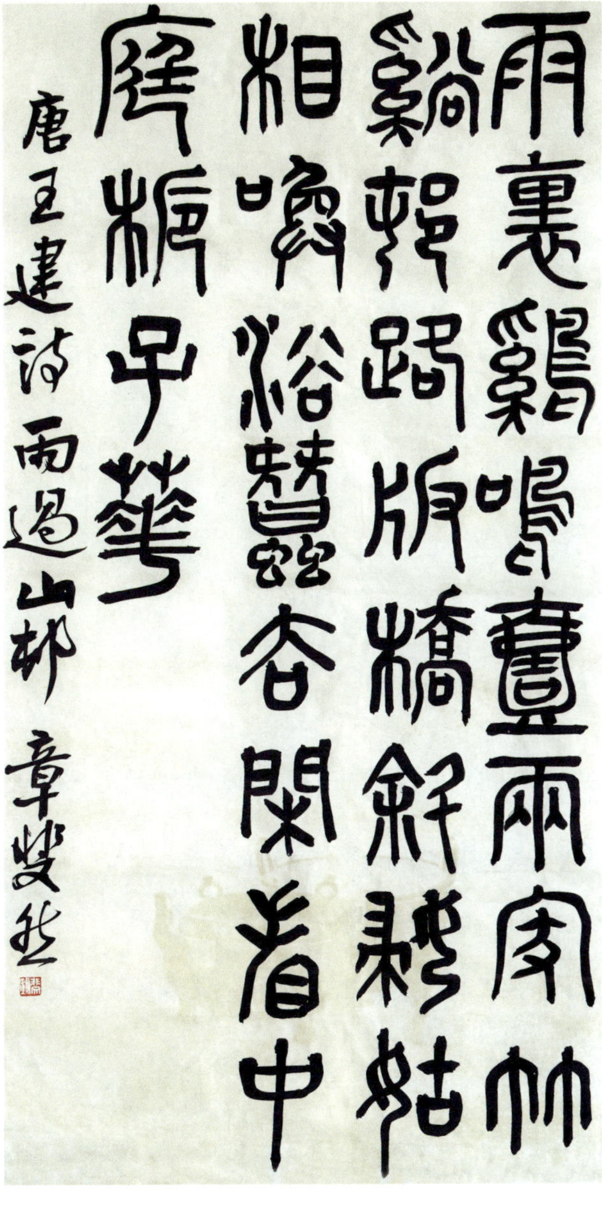

答案：鸡 蚕 栀

15. 最忙碌的人是你

乡村四月

［宋］翁卷[1]

绿遍山原白满川，子规声里雨如烟。
乡村四月闲人少，才了蚕桑又插田。

小诗浅译

山坡原野间到处绿油油的，流水映着天光一片白茫。
杜鹃声声地啼叫着，天空中雨水蒙蒙如烟似雾迷茫。
四月一到，农民们开始忙碌起来，没有一个人闲着。
他们刚刚结束种桑养蚕的活计，又开始到田里插秧。

① 翁卷：字续古、灵舒，南宋诗人，为“永嘉四灵”之一。

诗人逸事

一生只考一次

诗人翁卷虽然出生于儒学世家，自幼接受系统的儒家教育，但是他一生只参加了一次科举考试。

翁卷为什么不继续参加科举考试呢？有人说，是因为他家里实在困难，拿不出那么多钱供他一次次上京赶考。也有人说，是因为翁卷个人太喜爱作诗，把全部心思都放在了写诗上，所以无心参加科举考试。

虽然不知道具体原因，但翁卷一心写诗，世人是有目共睹的。翁卷极爱苦吟，语言求新求奇。他晚年隐居在江西抚州的一个深山小村里，在那里搭了三四间小茅屋，种了些高粱和树木，安闲地写诗。

童言童语

夏天我最爱和妈妈去郊游

到田野里去

挖野菜，采野花

到农家去

扛起小小的锄头

不一会儿就被蚯蚓吸引

玩着玩着累了

就睡在田埂旁的草堆里

梦里都有泥土芬芳的气息

古诗现场

最忙碌的人是你

那天，细雨如烟，丝丝缕缕飘在四月的乡村。

乡间的四月，青草摇着腰肢，披着晨曦第一个醒来，然后田野间、村子口、小桥边，全忙碌起来了，你便在这样的忙碌里走在乡间的小路。

自从进士落榜后，你就回到了乡下，日日可见的青山翠竹，在每个夜晚，像温柔的琴师一样奏响一曲又一曲的清音，抚慰你，给你安宁，予你淡泊。你想或许仕途对于你，本就是浮云，何必执拗。看，这一场乡间的甘霖，正在你心里涤荡，你便任思绪游弋。

你回头看向身后的乡间小道，每条小路都通向田野，每条又都是回家的路，无论走多远，只要炊烟升起，你便知道该回家了。

这才是属于你的乡村温暖。

你继续走着，乡间四月的风吹来，盎然的绿色肆意爬满山坡和平原，雨水流进平原上的小河、稻田间的沟渠，田间一片绿油油、白茫茫，一切都像清洗过似的，那么洁净。你不忍向前走，生怕脚下的泥土弄污了它们。

这时，栖息在杜鹃花上的布谷鸟鸣叫起来，“布谷、布谷……”这田间的小管家，操心农事，忙着催促大伙儿。这么好的插秧时光，人们哪闲得住？

乡间四月的风吹过河边，一棵又一棵的桑树，枝叶柔嫩，随风婆娑。姑娘们从自家门前的小道跑向桑树林，迎面遇到你，都悄悄地藏起手里的竹篮，原来几十只白白胖胖的蚕宝宝正和主人一起出来觅食。

乡间四月的风吹到田埂，你看到大伙儿都在忙碌，有人运苗，有人插秧；到了中午，有人送饭，有人吆喝，一声声全是丰收的祈祷，一张张笑脸映在田间陌上，就像门前树上盛开的桃花一样艳丽。

乡间的四月仿佛只你一个闲人，而你又仿佛是最忙碌的，你忙着描绘绿原白川图，忙着看秧苗此起彼伏，忙着透过树叶偷听采桑女的笑声。

原来，乡间四月天，最忙碌的人是你！

小白诗趣

诗歌小达人

下面含“雨”字的诗句，你能填多少？

好	雨	知		
	来	风	雨	

黄	梅			家	家	雨
渭	城		雨	浥		尘

诗意书画

答案：时节　夜、声　时节　朝、轻

16. 挥舞锄头洒汗水

悯农（其二）

［唐］李绅[①]

锄禾日当午，汗滴禾下土。

谁知盘中餐，粒粒皆辛苦。

小诗浅译

盛夏中午农民挥舞着锄头，

滴滴汗珠很快就落入泥土。

有谁想过面前碗中的饭食，

一粒粒皆包含农人的辛苦。

① 李绅：字公垂。与元稹、白居易交游密切，为新乐府运动的参与者。其作《悯农》二首被千古传诵，因此被誉为“悯农诗人”。

诗人逸事

偷鸡不成蚀把米

李绅有一个好朋友叫李逢吉。李逢吉表面上对李绅很好，实际上很嫉妒李绅的才华，想拿他当升官的垫脚石。

有一天，两个人一同去田间游玩，李绅看到农民辛苦劳作的景象后，心生怜悯，吟诵出《悯农》二首。李逢吉听出诗中有指责朝廷之意，几天后便偷偷向皇帝进谗言说："今有翰林院学士李绅，写反诗发泄私愤。"皇帝大惊，忙召李绅进殿细问，李绅解释道："这是微臣回乡后，看到民生疾苦有感而发所写的。"误会解开了，皇帝不仅不生气，反而赞许李绅善于体察民情，升了他的官。李逢吉原本想害李绅，反倒帮助他平步青云了。

不久后，李逢吉被降了官，这真是"偷鸡不成蚀把米"呀！

童言童语

我回到外婆家

拿起小锄头

跟着邻居哥哥去耕种

哐哐哐，耕地真好玩

太阳公公闪烁着光芒

呼呼呼，衣服都湿了

哼，种地太累喽

我捧起小花碗

戳着白白胖胖的米粒

原来你就是我今天种的稻子呀

那我要把你吃光光

古诗现场

挥舞锄头洒汗水

孩子，你看，农人从春天开始，卷起裤腿，戴起斗笠，一下一下，一茬一茬，种下的禾苗跳跃在泥水间，沉淀着一个个关于温饱的梦，那梦是他们撑下去的力量。

炎炎夏日，给禾苗松土锄草，哪怕烈日似火烧，哪怕不远处的公子王孙正在树下把扇摇，他们——田间劳作的农人，也只能低着头，继续挥舞着锄头。那锄头早已将曾经的怨愤磨平，那忙碌的身影中，有着淡淡的无奈。

最终这所有的禾，所有的黍，带着农人的汗水进入了富庶人家的粮仓。

可是如硕鼠一样的封建统治阶层呀，什么时候才能在乎农民的汗水呢？

“春种一粒粟，秋收万颗子。四海无闲田，农夫犹饿死！”

这是怎样悲切的感叹！孩子，你可能无法理解这样的沉痛。田地硕果累累，农人却仍旧被饿死，那么多的粮食，都到哪去了？社会如此的不公，劳动的人最终成全了闲逸的人。今天，当你翻开历史书时，是无法回避这一页的，即使繁盛如大唐。

农人唯一能做的便是勤俭，只有这样，日子才可以细水长流地过。

人生在世不过数十年，有人及时行乐，端起玉盘珍馐，自然就会大快朵颐。只是在享受时，别忘了从唐朝陌上田间发出的叹息：“谁知盘中餐，粒粒皆辛苦。”

要知道这盘中的美味，盘中的食物，粒粒都来之不易呀，粒粒都是农人深切的盼望，他们担忧过南风的席卷，担忧过无雨的干旱。更别忘记，那粒粒的丰收里是农人挥舞锄头时洒下的汗水。

你听到了吗？那朝朝暮暮的告诫：辛苦耕耘，盼你珍惜！

小百诗趣

飞花令

你能想到多少含“日”字的诗句？

诗意书画

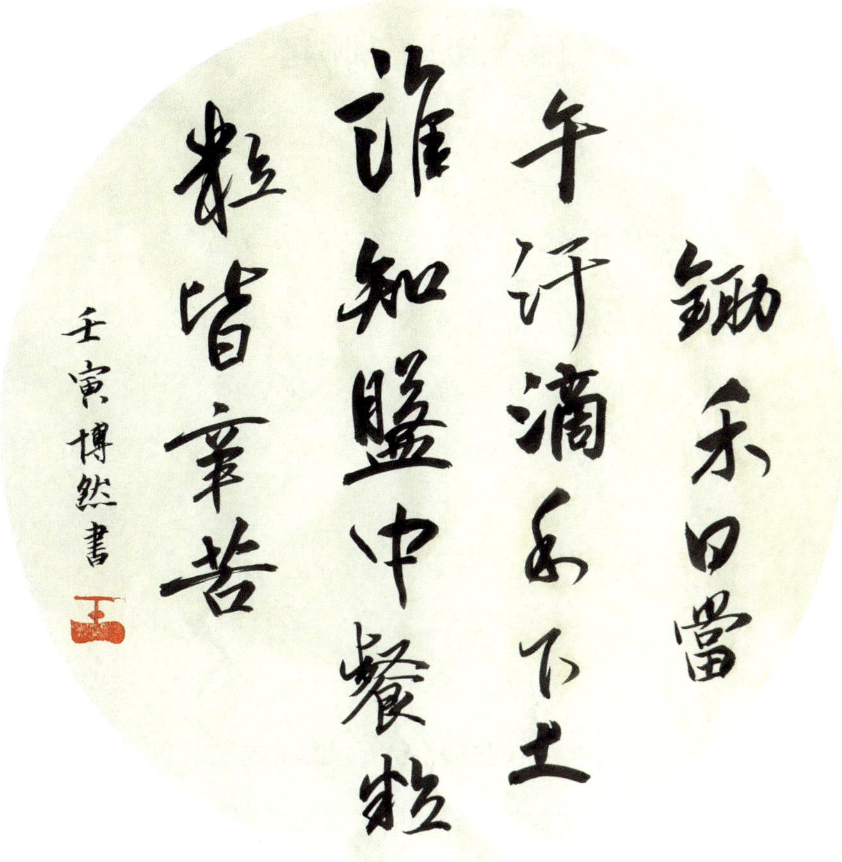

答案：白日不到处，青春恰自来。（袁枚《苔》）

迟日江山丽，春风花草香。（杜甫《绝句》）

大漠孤烟直，长河落日圆。（王维《使至塞上》）

17. 守候那些小幸福

闲居初夏午睡起

［宋］杨万里[①]

梅子留酸软齿牙，芭蕉分绿与窗纱。
日长睡起无情思，闲看儿童捉柳花。

小诗浅译

梅子味道很酸，吃过后余酸还残留在牙齿之间。

芭蕉初长，浓浓的，绿绿的，绿荫映照在窗纱。

春去夏来，日长人倦，午睡后起来，情绪无聊。

闲着无事便坐下观看儿童戏捉空中飘飞的柳花。

① 杨万里：字廷秀，号诚斋，自号诚斋野客，南宋诗人。与陆游、尤袤、范成大并称“南宋四大家”。

诗人逸事

醉酒不识月

有一年寒食节，孩子们要与杨万里对酒，可他当时已年迈且多病，很少饮酒，可又怎好拒绝孩子们的邀请呢！开始说好了只喝一杯，可他的馋虫被勾起来了，两杯三杯也就顺势喝了，接着更是四杯五杯都下了肚，不知不觉已喝了许多杯。杨万里迷迷糊糊中询问孩子们是否到了卒爵之酒（每巡酒的最后一杯），孩子们都笑道："阿翁是真醉了呀，都不记得总共喝过几巡了！"

在一年重阳节之后的两天，杨万里与好友徐克章登临万花川谷，两个人坐在月下传酒畅饮，斟酒入杯时，月亮也浮现在杯中。杨万里这个老顽童端起酒杯一饮而尽，把那湿漉漉的月亮也一口吞了下去。等他抬头再看，月亮依旧挂在天上。调皮的杨万里哈哈大笑，问老友徐克章："月亮到底是一个还是两个呀？"这让老徐如何作答呢？

童言童语

初夏的午后

从清凉的竹席上醒来

叫醒我的

是妈妈刚刚切开的西瓜

空气中散发着香甜清爽的气味

叫醒我的
是小伙伴邀我出去玩耍的呼唤
穿上小纱裙
一起去买冰棍吃喽

古诗现场

守候那些小幸福

“梅子熟，梅雨落。”此时，应还未到梅雨季节，梅子也还没有完全成熟，恰是酸倒齿牙的时候。嘴馋的孩子们已迫不及待，摘下梅子，送入口中，咬破果皮，皱起眉头，滋滋吸气，吸入的空气都带着梅子的清新酸爽。

孩子们嬉笑着，而你呢？颇有童心的大诗人，不甘示弱地摘下一颗梅子，悄悄咀嚼，与孩子们一起分享着酸酸甜甜的小幸福。看到你牙齿酸歪的神情，孩子们笑得弯下了腰，然后跑远了，跑到窗户下的芭蕉树下玩起了捉迷藏。

芭蕉初长，予一分绿意给窗纱，多么柔情似水。

相比最爱牡丹的唐代文人，宋人则更喜欢在自家窗外种上几株芭蕉。“流光容易把人抛，红了樱桃，绿了芭蕉。”芭蕉不必如牡丹般国色天香，只一分绿意，就让人倍感亲近自在。她低调温婉，情意绵绵，分绿上窗，舒叶散凉。她和主人一起添酒回灯，为主人分忧解愁，所以她又有一个温柔而多情的名字——“蕉美人”。

夏日艳阳高照时，何人不爱这善解人意的蕉美人呢？红袖添香，再伴以芭蕉乘凉，是最惬意的时刻。你最爱在午后，在芭蕉窗旁邀好友下棋，在芭蕉树下看树影婆娑，然后懒懒地睡上一觉。

待你入眠，这初夏的暖风便从你的窗下飞入大街小巷，和洁白的柳絮一起飘来飘去。几个小孩东奔西跑，追逐柳花，他们玩得可起劲了。风吹絮飞，满地都是，有的扑入衣袖，有的被踩在脚下，有的钻进小孩的衣领。孩子们不管三七二十一，四处乱撞：衣上，头上，背上，到处沾满了柳花，一个个成了柳花精灵。

孩子们捉柳花，柳花也好似有了无限童心，在风中与孩子们捉迷藏。不时有笑声漾起，你该是从睡梦中被笑声惊醒的吧。

那么，正好，你斜倚栏杆，看芭蕉分绿，看孩子捉柳花，听孩子嬉闹，静静地守候着那些小幸福。

小白诗趣

植物园

你知道下面诗句中缺少什么植物吗？

______下问童子，言师采药去。

山重水复疑无路，____暗花明又一村。

春风桃李花开日，秋雨_____叶落时。

乡村四月闲人少，才了蚕____又插田。

诗意书画

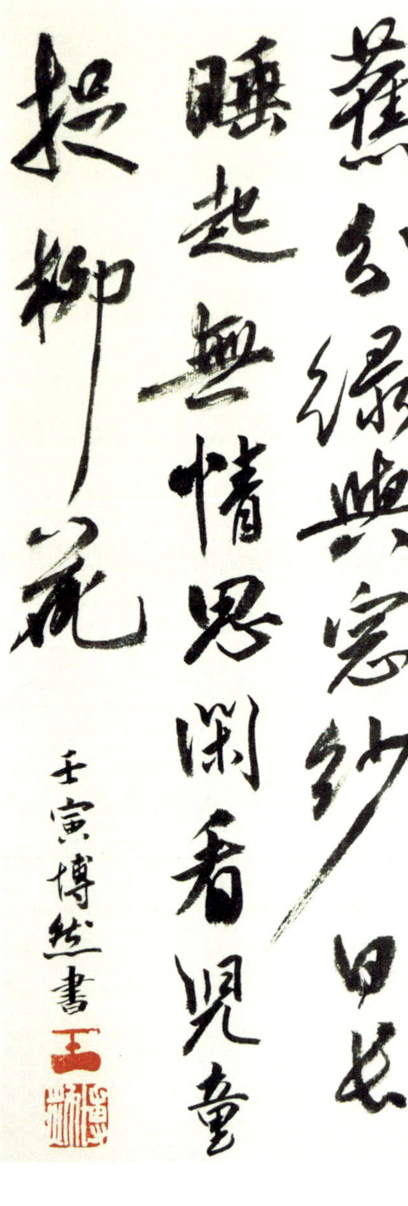

答案：松 柳 梧桐 桑

18. 微微一笑风入夏

小 池

[宋] 杨万里

泉眼无声惜细流，树阴照水爱晴柔。

小荷才露尖尖角，早有蜻蜓立上头。

小诗浅译

泉眼无声是因不舍细细的水流，

树影只喜欢晴天里和风的温柔。

小荷叶刚从水面露出尖尖的角，

早有一只小蜻蜓立在它的上头。

诗人逸事

拜牧童为师

有一年春天，杨万里到当时的京都临安应考。他自认为知识渊博，准能考中，在客店住下后，便天天游山玩水。

一天，杨万里在西湖的苏堤上闲游，满眼秀丽的风光令他心旷神怡，便脱口道："西湖风光，举世无双，湖上筑堤，天下第一。"旁边一个牧童听了，笑着说："您说的并不准确。"杨万里便问原因，牧童解释说："全国有好多个西湖，风景都很美。听说广东惠州的西湖就很不错，还有苏东坡筑的湖堤。"杨万里听了心悦诚服。

在回客店的路上，杨万里自言自语："从前孔子以小孩项橐为师，我今天也得尊这位牧童为师，孔子说'三人行，必有我师焉'，这话一点也不假。"

童言童语

泉水叮咚

小树在池边洗脸

日光照得它暖洋洋的

它喜欢这日光

小蜻蜓飞来飞去

想找一处休息

便停在一朵将要开放的荷花上

香味使它不舍得离开

古诗现场

微微一笑风入夏

春未央，夏已立，微风里，此时的你不再是紧锁眉头的朝堂大夫，而是孩子们最爱的儿童诗人——杨万里。

从杭州到常州，出临安觅心安。你漫步在乡野，走走停停，近处幽僻的小池是你的最爱，你坐了下来，孩子们则撒欢儿跑了起来。这乡野天地适宜自由，适宜诗歌，适宜你！

立夏的风吹来了，不知昨夜梦里的水流声是否还在？一夜微风，树影横斜在水中。你踏着落花小径，寻着流水声，一览初夏芳华。树是青葱的，叶是翠绿的，拥着阳光，柔柔地映在水中和你的心中。你低下头，抚弄水中绿影，从此忘却北方战事，只有眼前的一片安宁。

立夏的风，就这样抚平了你眉头的忧伤。一朝天子一朝臣，你历经四朝，早应该知晓君王和你的距离，绝不仅仅是龙椅到大殿的距离。

此刻，一方池塘便是你的江山，做你的诚斋先生吧，让风吹向四面八方。在你的诚斋里，你便是自己的君王，坐拥小池，静享四季，逗趣小儿。

你看，孩子们在广阔的田野间无拘无束，在春日的菜花地里欢叫着追赶黄蝶，在柳荫下眯缝着眼任由牧牛散步吃草。书卷翻落又被拾起，你从无声的泉水中掬一捧到芭蕉叶尖，听水流滴答滴答。天上阳光普照，怎有雨声？却不知这雨声竟是你的未泯童心。

这欢笑的儿童就好像眼前才露尖尖角的小荷，荷叶盛满了所有的希冀。花瓣或粉或白地低唱着童年的回忆。你喜欢这才露花期的模样，从立夏开始，你就想守护一朵荷花，等她慢慢绽放，如同守护你当年的初心。岁月变迁，朝代更迭，你依旧是你——青山绿水里的赤子。

遥望明日，给自己一个期许，哪怕已年至半百，也仍似入夏的风，微微一笑，翩翩袭来，不疾不徐，无忧无惧。

而你，便在这微风吹过的小池畔缓缓吟唱：“小荷才露尖尖角，早有蜻蜓立上头。”

小百诗趣

诗歌小达人

“小”与“晓”这对好伙伴，你分得清吗？

会当凌绝顶，一览众山_____。

春眠不觉_____，处处闻啼鸟。

应怜屐齿印苍苔，_____扣柴扉久不开。

_____看红湿处，花重锦官城。

泉眼無聲惜細流樹陰照水愛
晴柔小荷才露尖尖角早有蜻
蜓立上頭

宋楊万里詩小池

徐詩晴學書

答案：小 晓 小 晓

19. 你从汨罗江畔来

端　午

［唐］文秀[1]

节分端午自谁言？万古传闻为屈原。

堪笑楚江空渺渺，不能洗得直臣冤。

小诗浅译

端午节日是何人第一个说起？

前人传说是为了楚大夫屈原。

可笑那汨罗江空自浩浩荡荡，

竟不能洗去忠直之士的苦冤。

① 文秀：唐代诗僧。唐昭宗时，为文章供奉，与郑谷、齐己为诗友。

诗人逸事

嗜茶爱诗的和尚

唐朝末年，长安郊外的山上有一座寺庙，寺庙里香客不多，来的大多是文人墨客，其中就有一位著名的诗人——郑谷，而他每次去寺庙一定要见一个叫文秀的和尚。

文秀住的屋子外有十来棵高大的松树，沿着松树的小径走过一条长廊，才能看到他的居室。郑谷每次去，还没走近，就能闻到从屋子里飘出的茶香。进了屋子，文秀看到郑谷来了，就问："你闻得出我拿什么水煮的茶吗？"这可把郑谷难倒了，回答："难道不是山间的露水？"文秀很得意："当然不是，这可是溪泉水，'宜茶偏赏霅溪（霅，zhà。霅溪，水名，在浙江。）泉'，你尝一尝，是不是有点甜？来，郑兄，为我的茶作首诗吧。"

两人喝着茶，写着诗，你一句，我一句，你一杯，我一杯，茶喝完了，诗也写好了。写好的诗很快就被其他慕名而来的文人墨客传抄诵读。

童言童语

隆隆的击鼓声中

端午节终于来啦

妈妈用我洗澡的小盆泡起艾叶

我蹲在旁边

看着圆滚滚的蜜枣

香喷喷的鲜肉

和糯米一起被塞进艾叶里

啊，我今晚洗澡的时候

会不会也有粽子的味道呀

古诗现场

你从汨罗江畔来

公元前 278 年的农历五月初五，你站在汨罗江畔，吟着：“滔滔孟夏兮，草木莽莽……”一字一句滴落江面，激起绝世的涟漪，沉醉了江上的清风，和水间的明月。

你散下长发，抱着巨石，纵身一跃，给人们留下年复一年的思念……

质本洁来还洁去，汨罗江水从此清洌！

从此汨罗江成了你的，后世无数文人墨客来此寻你，念你……

千年后，诗僧文秀也来此寻你，唐朝的僧人最食人间烟火，也最具风流雅趣，可能也最有世俗羁绊吧，否则怎会理解你的万古惆怅？

那一天，人们以五色彩线缠臂，佩香囊，戴榴花，挂菖蒲，插艾枝，家家户户寻着和你一般洁净的世界；

那一天，龙舟竞渡，龙子龙孙，抡起桂棹，划起兰桨，只为奋力救你；

那一天，一个个芦苇叶包裹的粽子，奔向水中，喂食江鱼以护你周全；

那一天，人们站在汨罗江畔，举杯饮下满樽雄黄，蹚一回楚泽的寒凉，大唱《离骚》，望你归来；

那一天，你在河的上游歌唱，飞扬的衣袖落成不绝的狂涛，飞舞的乱发飘成逆流的水草，整条汨罗江，不，整条黄河，整条长江，整个中国的水流，都在奔向你！

那一天，你站在汨罗江畔，成就了一个节日，承载了一个民族的家国情怀；

那一天，只为你，屈原！

黄钟大吕，惊涛拍岸！

众人昏昏，独你清醒！

那一天，诗僧文秀来寻你，看到眼前一弯江水，空渺渺，空叹息，而你的冤屈，哪是东去的江水可以洗去的？但你的冤屈，就是你的执着，你的伟大，你的丰碑。

文秀将采撷的血色蜀葵放到江上，掷下一颗颗峥嵘角黍，粽叶在水中慢慢散开，红色，绿色，缤纷绚丽。

从此，在每一个端午日，人们都唱着经年不衰的《离骚》。

小百诗趣

百科小博士

下面诗句描写的是什么节日？你还知道哪些关于节日的诗句？

借问酒家何处有，牧童遥指杏花村。（　　）

遥知兄弟登高处，遍插茱萸少一人。（　　）

千门开锁万灯明，正月中旬动地京。（　　）

未必素娥无怅恨，玉蟾清冷桂花孤。（　　）

诗意书画

答案：清明节　重阳节　元宵节　中秋节

20. 盛夏一枕最逍遥

夏　意

［宋］苏舜钦[1]

别院深深夏簟[2]清，石榴开遍透帘明。
树阴满地日当午，梦觉流莺时一声。

小诗浅译

小院幽深寂静，我躺在竹席上，浑身清凉，
窗外石榴花盛开，透过竹帘，映红了虚堂。
浓密的树荫隔断了暑气，恰是正午的光景，
我一觉醒来，耳边传来黄莺一阵阵的啼唱。

① 苏舜钦：字子美，号沧浪翁，北宋诗人。与梅尧臣合称“苏梅”。
② 夏簟（diàn）：夏天用的竹席。

诗人逸事

饮酒伴读书

诗人苏舜钦为人豪放，不受世俗约束，喜欢饮酒。他住在岳父杜祁公家里时，喜欢在黄昏时读书，并且是一边读书一边饮酒，动辄饮下一斗酒。

杜祁公对此深感疑惑，心想：如此饮酒哪还有心思读书？于是派人偷偷观察苏舜钦。当时苏舜钦正在读《汉书·张良传》，当他读到张良与刺客行刺秦始皇，抛出的大铁椎只砸在秦始皇随从的车上时，他拍案叹息道："真可惜呀！没有打中。"于是喝了满满一大杯酒。读到张良说："自从我在下邳起义后，与皇上在陈留相遇，这是天意让我遇见陛下呀。"他又拍案叹道："君臣相遇，如此艰难！"又喝下一大杯酒。

杜祁公听了下人的汇报后，拍掌大笑说："有这样的下酒物，一斗不算多啊。"

童言童语

我想有一个很大的院子

在院子里搭起花架

种上妈妈喜欢的紫藤

再种下一棵石榴树

我想有一个小池塘

可以有捞不完的小蝌蚪

还有很多小金鱼

我要赶紧睡个午觉

妈妈说，梦一醒我就会在石榴树下了

古诗现场

盛夏一枕最逍遥

苏舜钦，字子美，这名里有远古帝君的恩赐，这字与杜甫的字相同，你们是否都有一双忧郁的眼？即使已被沧浪水洗涤，仍洗不去眼底的深沉。

这深沉来自一个节令——夏至，夏季最热烈的时刻。这一天，正午的阳光下，孩子们热烈地奔跑着，追逐着彼此一年中最短的影子，享受着季节的狂欢，一回头，眉眼间全是幸福，额头沁出的汗珠滴在脚下的狗尾巴草丛中。

你是不是想起幼年时的一个午后，树下一架凉床，你躺在上面，祖母摇起了蒲扇，一遍遍地说着仙女下凡的故事。梦里，你好像遇见了无数的仙女，其中一个立在石榴花丛中，红裙亭亭，碧玉般俏丽。难怪人们称五月为榴月了，榴花仙子最美丽呀。这石榴花就是盛夏最娇艳的花魁，它开得浓烈而持久，是属于一个季节的芬芳。人们在榴花仙子的美丽中沉醉，慢慢卸下忙碌，安静下来，枕一席清凉，不消半炷香，便入梦了。

你最爱在这样的午后沉睡，卧看青天白云是你暑中杂咏的美好记忆。偶尔性情洒脱了，你乐得效仿风流孟夫子，红颜弃轩冕，白首卧松云，前尘往事只盼一枕黄粱万事休。

这一枕，是夏日最好的休憩，没有暖春的困顿，也没有三秋的疲累，更少了寒冬的孤独，午睡片刻，借一枕清幽，忘却人生苦短。

这一觉，真是熨帖身心，你醒了，热烈的夏虫交响乐也戛然而止，蝉鸣、蛙唱，都在此时沉默，只有自在娇莺恰恰啼。

黄莺鸟是世间最动人的歌者，它一开口，恰恰给了你最美好的一瞬，你陶醉其中，书也成了下酒物，随意翻阅，斗酒已下肚。

至此，你恋上热烈的午后时光，一声流莺，满地树荫，盛夏一枕最逍遥。

小白诗趣

捉迷藏

下面古诗词里都藏着成语，你能找到吗？

春风得意马蹄疾，一日看尽长安花。（　　　）

我劝天公重抖擞，不拘一格降人才。（　　　）

粉骨碎身浑不怕，要留清白在人间。（　　　）

乘风破浪会有时，直挂云帆济沧海。（　　　）

诗意书画

答案：春风得意、走马观花　不拘一格　粉身碎骨　乘风破浪

21. 人生有梦是清欢

采莲曲

[唐] 王昌龄[1]

荷叶罗裙一色裁，芙蓉向脸两边开。

乱入池中看不见，闻歌始觉有人来。

小诗浅译

采莲少女的绿罗裙与田田荷叶融为一体，

少女脸庞掩映在盛开的荷花间难辨难猜。

只一转眼她就混入莲花池中不见了踪影，

听到美妙的歌声响起才觉察到有人前来。

① 王昌龄：字少伯，唐代著名边塞诗人，有“七绝圣手”之称。

诗人逸事

一片冰心在玉壶

王昌龄曾因不拘小节，受到当时某些人的批评指责，甚至是无中生有的诽谤，因此，他被贬官岭南。虽然屈居在下级官吏的行列中，王昌龄却用淡然处之的态度来对待别人的无理指责和贬谪生活。

王昌龄有一个朋友叫辛渐。这一天，辛渐因要回洛阳便来辞别王昌龄。他知道，王昌龄在洛阳有不少亲友，他担心他们也听到了外界对王昌龄的谤议，便关心地问："昌龄兄，我去洛阳，你有什么话要我带给那边的亲友吗？"王昌龄昂起头，目光炯炯，回答道："有！洛阳的亲友如果问起我的情况，请你告诉他们：我是绝不会被功名利禄的欲念和别人的谤议所左右的！"

于是，他对着浩浩江水，朗声吟诵题为《芙蓉楼送辛渐》的诗："寒雨连江夜入吴，平明送客楚山孤。洛阳亲友如相问，一片冰心在玉壶。"

童言童语

采莲的姑娘多么美丽呀

穿着和莲叶一样颜色的衣服

苗条的身姿和茎叶一样挺拔

红红的脸颊就像莲花一样

白嫩的皮肤和莲藕一样

在梦里

美丽的采莲姑娘就变成了我自己

古诗现场

人生有梦是清欢

从杨花散尽到荷香四溢，一转眼来到龙标已有一段时间，好友李白的惜别之愁依稀就在昨日，而你已经习惯了这湘西的风。

你出门走走，迎面遇见夏日采莲的姑娘，三三两两的姑娘身着艳红的、翠绿的罗裙，你唤着我，我应着你，从你身旁嬉笑而过，携手朝向不远处的荷花池。欢声笑语如同香甜的酒水，你就着荷叶，仰头饮下，真好，就此做一场美梦，梦里一场清欢。

一个，两个，三个，你暗暗数着摇起兰舟荡进荷花池的姑娘，最美的那一个不正是前日才相见的阿朵姑娘吗？这酋长家的公主，天真而烂漫，丝毫没有被高贵的身份束缚，看见你去，便笑着进入荷花丛，风摇起她的裙摆，穿莲而去。

在那一片绿荷红莲中，姑娘的绿罗裙已经融入田田的荷叶之中，分不清哪里是叶，哪里是罗裙。你寻找着阿朵姑娘，是那正低头采莲的女子吗？最是那一低头的温柔，惹人爱怜，在你的注视下，女孩仰起脸庞，那美丽的脸庞和鲜艳的荷花相互照映，你又分不清哪里是脸，哪里是花了。在你错愕的瞬间，采莲少女又与绿荷红莲浑然一体，不见了踪影。

你以为这真的只是一场梦，懊恼沮丧，四处张望。突然，莲塘中歌声四起，呀，是阿朵姑娘的歌喉，真是天籁般的美妙。你想起和王之涣、高适在京城的旗亭对饮，那日唱着你们诗歌的女子也正是用这样的歌声使你沉醉。如果所有的沉醉都能在梦里再回味，你愿不再醒来。那梦里采莲的女子，与红花相映衬。而你难掩心意，在她皓腕下轻轻逗留，再也不愿做被错过的那一朵，只想柔语问尽，你侬我侬。

这一场清欢，最终成了你“七绝圣手”大笔一挥的佳作，好一首《采莲曲》，从此，人生有梦是清欢。

小白诗趣

小小数学家

你能在下面诗句中填上相应的数字吗？

____年磨____剑，霜刃未曾试。

飞流直下____千尺，疑是银河落____天。

____岸青山相对出，孤帆____片日边来。

诗意书画

答案：十、一　三、九　两、一

22. 心如朵朵盛开莲

池　上

［唐］白居易①

小娃撑小艇，偷采白莲回。

不解藏踪迹，浮萍一道开。

小诗浅译

小小的娃儿在水面撑着小船，

从池塘里偷采几朵白莲回来。

他不懂怎么掩藏自己的行踪，

任水面上的浮萍被船儿荡开。

① 白居易：字乐天，号香山居士，唐代伟大的现实主义诗人。与元稹并称“元白”，共同倡导新乐府运动。

诗人逸事

居易？居易！

白居易十五六岁时到长安游学，按照当时的惯例，他带着自己的诗稿到著作郎顾况的府上拜访求教。

顾况听说白居易是个官家子弟，不好不接待。而顾况又觉得自己是名冠天下的学者，一个乳臭未干的后生前来拜访，未免有轻视之心。当他看到白居易诗稿上的名字时，哈哈大笑着调侃道："长安米价很贵，只怕白居不易啊！"然后，他拿起白居易的诗稿，轻轻地吟诵了起来，当读到"离离原上草，一岁一枯荣。野火烧不尽，春风吹又生"时，脸上显露出兴奋的神色，马上站起来，紧紧拉住白居易的手，热情地说："啊！能够写出这样的好诗，白居也易。前面只是跟你开个玩笑。"

童言童语

一池的莲花撑起裙摆

是不是莲花因害羞才染成了红色

采下一片荷叶盖在我的头顶

不让太阳公公把我晒黑

咕咕叫的肚子提醒我

要和妈妈说

今天晚上咱们吃莲藕

古诗现场

心如朵朵盛开莲

孩子们喜欢荷花，他们倚着小小的栏杆，常会诧异水面的荷叶怎么可以如此温柔地依偎在一起。他们叫着，那是小荷叶，旁边是它的妈妈吧，它们在一起，真开心呀。

在童真的世界里，能够永远相依是最快乐的。于是，他们走在荷花畔，轻轻地吟着诗，这诗里一定有着荷花的清香。那清香幽远，穿过唐朝，隐藏着一个诗人的童真。

那日，一定有风，暖暖地吹拂着诗人的心，然后他的心便如朵朵盛开的莲花。

小小的孩童撑起了小船，穿过盛开的白莲，采摘大大的莲蓬。孩童三三两两，垂髫之年，扎着羊角小辫，在绿色的荷叶间游移着，偶尔停留，伸脚轻轻触碰，叶子便欣喜地迎接着这些可爱的孩童。误入藕花深处的孩子们，干脆将小小的船只停靠，枕着阳光在荷叶与荷叶之间躺下，田田荷叶顾惜他们，便斜挨着拢来，在孩子的头顶撑起一片凉爽而清新的世界。

间或几条小鱼穿梭在茎与茎之间，经过船舷，轻轻抖动，其中一个孩子的眼睛动了动，被惊醒的瞬间，旁边的莲蓬摇曳着身躯凑了过来，他一伸手，轻轻剥开，一个个椭圆的莲子蹦了出来，甜的，脆的，在他的口中跳跃着。

他一个鲤鱼打挺，便下塘去摘，母亲最爱吃莲子，父亲说过最美的时刻就是母亲低头弄莲子，而莲子清如许。他想，那该多美呀——一定是一低头，柔情似水，有着不胜娇柔的温情。他要多采些回去，他要去亲近母亲的温柔。心急的他将船划远了，船将绿色浮萍缓缓地划出了一道白色的线。回舟靠岸，他欣喜地奔向家中，抖落一箩筐的莲子，便在笑声里甜甜睡去。睡前他听见母亲的叮咛：早些睡，明日妈妈会为你做一碗莲子羹。

真好，吃下母亲亲自烹制的莲子羹，香甜清爽，未来的日子里他都会记得母亲的爱，如那莲子，清香润滑。

小百诗趣

百科小博士

下列诗句中都有“莲花”，但是换了名称，你都知道吗？

接天莲叶无穷碧，映日____别样红。

____香销翠叶残，西风愁起绿波间。

闻道____红万朵，遥知不减浣溪花。

风动____香四散，月明楼阁影相侵。

诗意书画

答案：荷花　菡萏　芙蕖　芙荷

23. 最是一路好风景

三衢道中

［宋］曾几[①]

梅子黄时日日晴，小溪泛尽却山行。

绿阴不减来时路，添得黄鹂四五声。

小诗浅译

梅子成熟的时候天天都是晴朗好天气，

乘小船到小溪的尽头再走上山间小路。

山路旁苍翠古树的美毫不逊色来时景，

林中传来的黄鹂欢鸣声更增添了幽趣。

① 曾几：字吉甫，号茶山居士，南宋诗人。

诗人逸事

师道传承

陆游十八岁那年遇到了曾几，此时曾几已是一位非常著名的学者，后来曾几成了陆游的老师。曾几要求陆游沉下心来，对晚唐诗人的诗进行学习，学其中的规范，将一字一句深究到底。陆游非常尊重老师，每次都学得很认真，果然不负众望，诗词底蕴越来越深厚，格局也越来越大，所写的诗词也越来越有味道。

曾几和陆游这对师徒，是中国式师徒的典范。南宋乾道二年（1166）曾几去世，陆游为恩师写了一篇长达3300字的墓志铭，详细记述了十几件恩师的生平事迹，可谓用情至深。

多年过去，曾几的孙辈又拜陆游为师——这就是最好的师道传承。

童言童语

第一次跟着妈妈做梅子酒

青色的梅子，圆滚滚的

多么可爱，多么可口呀

妈妈要把它们封进罐子里

用魔法变成泛着果香的酒

我是个小馋猫，偷偷尝上一两个

立刻皱起了眉头

好酸好酸呀

古诗现场

最是一路好风景

人在旅途，总有一处风景惊艳了目光，也惊艳了时光。

宋朝山林，你曾几当是那个最痴迷旅途风景的背包客，尤爱一个个“道中”：吴兴的道中，你愁落日西下、叹孤云低回；苏秀的道中，你喜两岸溪流、赞千里稻花。

这一次，你来到了三衢的道中。梅子正黄，天气正晴，一束束温柔的光映着你的脸庞，夏天的风总是带着些许暑气，幸好你乘着轻舟泛溪而行，不觉炎热。

转眼，已到溪水尽头，你却游兴正浓，那么不如舍舟登岸，沿径步行，或许能逢着一个散发着桃花芬芳的世外仙境。

走几步山路，你仰头望天，那遨游在夏日蓝天里的白云，有一种自由而飘逸的美，时而散开，时而飞翔，像极了你眉间的温暖。

你收回目光，绿树又恰到好处地在你头顶舒展开枝丫，日光拉长了你的影子，也拉长了你的行程。你走走停停，看绿树的影子在光里越来越长，和来时路上的景色一般模样，听光与影的和谐旋律奏响在山林，其中的领唱便是黄鹂鸟，或长鸣，或休止，或低沉，或明亮，刹那间，热闹了整座山林。

你只愿沉醉在这热闹里，红尘俗世是遥远的，功名利禄也是遥远的。所有的路过，所有的遇见，全在这一路风景里，全是岁月深情的呼唤，你盼着时光从此慢下来。

晨钟不待暮鼓，春华不等秋实，不要去远方寻找，一路风景一路歌，最美的风景早已穿过人潮人海，来到你身边。你坐下来，再听黄鹂鸟的啼唱，四声、五声……声声似乎都在和你对话。你从容饮茶，捧一卷《经说》，在《茶山集》里舞文弄墨，清淡而灵动。你笑了，人生最好时光莫过于此。

——阅尽宋朝山河，最是一路好风景。

小白诗趣

七彩园

在诗句中填上表示色彩的字，建一座古诗“七彩园”。

日照香炉生____烟。　　客舍____青柳色新。

春风又____江南岸。　　两个____鹂鸣翠柳。

万紫千____总是春。　　春来江水绿如____。

____云千载空悠悠。

诗意书画

答案：紫 青 绿 黄 红 蓝 白

24. 今夜在雨中等你

约 客

［宋］赵师秀①

黄梅时节家家雨，青草池塘处处蛙。

有约不来过夜半，闲敲棋子落灯花。

小诗浅译

梅雨时节，每家都被烟雨笼罩，

青草池塘，蛙声阵阵传入耳畔。

午夜已过，相约之客尚未来到，

闲极无聊，看灯花落尽棋轻敲。

① 赵师秀：字紫芝，号灵秀，又号天乐，人称“鬼才”。南宋诗人，是“永嘉四灵”之一。

诗人逸事

四灵之冠

南宋时期，在浙江永嘉有四位诗人，他们分别是：徐照，字灵晖；徐玑，字灵渊；赵师秀，号灵秀；翁卷，字灵舒。因为他们都出自永嘉学派叶适的门下，字或号中又都带有“灵”字，所以被人们称为“永嘉四灵”。他们继承了山水诗人、田园诗人的传统，满足于吟唱田园、寄情泉石的闲逸生活。在艺术上，他们刻意求工，避免用典，崇尚白描，轻古体而重近体，尤其重五律，甚至要求全诗不得超过四十个字。“独、寒、苦、孤、冷、病”是四灵诗歌中最常用的字，他们的诗在当时的诗坛引起广泛的反响。

永嘉四灵中有一个人尤其注重炼句炼字，他自称：“一篇幸止有四十字，更增一字，吾末如之何矣！”他就是被推为“四灵之冠”的赵师秀，他在永嘉四灵中声望地位最高。

童言童语

雨小弟跑那么快干什么

哦，是荷叶上的小青蛙在喊你吗

一声声，叫呱呱

快来，快来，雨小弟

陪我下盘棋，我请你喝口茶

你别急着走

我还要送你青青的梅子

青青的草

古诗现场

今夜在雨中等你

盛夏，最美的十里荷花地，一定是西子湖。那年夏天，你是否也踱步湖畔，倾听晚风恰好？你便是那颀长而俊朗的南宋诗人赵师秀——宋太祖的八世孙。流淌在你身躯里的皇族血液，使你虽未居高位未享厚禄，但仍存贵族的气质，衣袖一挥，便是临安城中让人赞叹的男子。

提笔泼墨，漫卷诗文，你的“鬼才”令偏安一隅的儒生们惊叹，你和你的朋友在“永嘉四灵”的光辉里摇一把折扇，从飘逸的诗文里走来，引得满城的人一片欢呼。

你广交的南方好友，有世俗之人，更有离俗之僧人和道士。诗家客中你最敬姚合与贾岛，你知道最美的诗句需要字斟句酌，你愿意消磨余生的光阴，只待佳句天成，只待知音自来。

等待的季节里，梅子熟了，树下充满了垂髫小儿的欢笑声。

这时节，是乡村最喜悦的时光，树上的樱桃红了，葡萄紫了，苹果青了，毛桃黄了。只要你愿意，任你挑选，任你采摘，农家朋友最是热情。

一夜风起，家家屋檐奏起了雨的圆舞曲，这样的雨，适宜邀知心人对弈、对诗、对酒。而你的心里恰有一人，素笺寄出，便盼着相会了。这黄梅细雨，这习习夏风，这湿湿流光，一切刚好，正适合等候！

突然整个世界都热闹了，篱落下，草丛间，户庭外，水塘里，蛙声此起彼伏，穿过雨幕，错落成你耳畔的喋喋不休：友人怎么还不来呢？

或许从来没有这样一个人，亦或许你的书斋每夜都有人前来，只是这一天，黄梅细雨绊住了他。你远望村口，似乎这个夜晚是空等了，也罢，也罢，灯花落在桌上，你一低头，局中的棋子错落有致，你顺手捏起，棋子落下，夜更静了。

你来，我陪你对弈到天明。你不来，我便在雨中等你。

小百诗趣

诗歌小达人

青与绿，你分得清吗？

两岸____山相对出。　　千里莺啼____映红。

万条垂下____丝绦。　　____草池塘处处蛙。

诗意书画

答案：青 绿 绿 青

25. 邂逅最美的时光

晓出净慈寺送林子方

[宋] 杨万里

毕竟西湖六月中，风光不与四时同。

接天莲叶无穷碧，映日荷花别样红。

小诗浅译

到底是那西湖六月天的景色，

风光与其他季节的大不相同。

荷叶铺开翠绿一片与天相接，

阳光下的荷花分外鲜艳娇红。

诗人逸事

虚心竹子节节高

相传，有一天杨万里去云栖竹径游玩，看到一群小朋友正在挖冬笋。藏在地下的冬笋是看不见的，但经过一个小孩的指挥，挖下去的铲子从不落空，每一下都能准确无误地挖到竹笋。

杨万里看了以后感到很惊奇，就上前要拜小孩为师。那小孩抬头看了看杨万里的穿着，笑着说："您是个读书人，一定懂得很多知识，为什么还要拜我为师？"杨万里诚恳地说："我虽然读过许多书，但对挖笋一窍不通啊。你是怎么准确找到竹笋的呢？请教教我吧。"

小孩听后很爽快地说："道理很简单哦，学挖笋呐，您要记住：挖冬笋，看竹梢，叶子黄，冬笋长。"杨万里问道："为什么叶子黄反而有笋呢？"小孩说："因为笋吸收了竹子的营养，所以竹叶就变黄了。""噢，有道理！有道理！"杨万里不断点头，然后又问："不挖掉冬笋，竹林不是更茂密吗？""哈哈，那您可说错了。冬笋不挖出来，它也会自己烂掉的，只有春笋才能长成竹子。"杨万里望着竹林愣了一会儿神，转过头来对小孩说："小朋友，你可比我懂得多哦，我一定要拜你为师！"

小孩笑吟吟地指着青翠的竹子，说："虚心竹子节节高，它才是我们的老师呢！"

童言童语

夏天的荷花是害羞的小姑娘

风一吹就红了脸

雨一下就弯了腰

她撑起亭亭裙摆

跳着芭蕾

我问妈妈

荷花姑娘跳芭蕾

也要像我一样练基本功吗

古诗现场

邂逅最美的时光

当林子方要从都城出发到福州任知府时，你内心矛盾不安起来。你一方面相信友人即将造福一方百姓；另一方面认为友人毕竟是京官外调，远离皇城，远离天子，未来前程怎样，真的无从得知呀。这一去，一切骤然成为未知。

似乎读懂了你的顾虑，六月天的西湖分外娇艳，接天莲叶，无穷碧绿,在风中漾起咏叹调。荷花似乎攒足了一个夜晚的难分难舍，在早晨突然挣脱束缚，绽放红艳艳的面容，不再忸怩。原来，离别可以催生出内心深处的情谊。

你是林子方的上司，也是知心的友人，这样的送别时分，怎能少得了你。

清晨，残月如钩，挂在天上，你俩走出西湖，走向荷花荡，柳树成荫的小道，倾听你俩互诉衷肠，送你们清凉，了却你们的牵挂。

你俩“行了南山却北山”，最后，不多言语，只是对饮，你轻轻叹一声珍重，就此别过。朋友，让我目送你远行，等到空留马行处的刹那，只愿你一路向前，不留恋，不伤感，不回头，不张望。

曾经同朝为官，曾经各执己见，曾经惺惺相惜，都只能化为未来时光里的一纸相思了。

净慈寺的钟声分外悦耳，让你们的心安宁下来，静坐片刻，仿佛只一瞬，你便顿悟：人生最美好的时光不就是现在吗？在这六月的西湖，你们没有预约，没有等待，便邂逅了荷花最美丽的时刻。这一朵莲花的娇艳，还不够你们在未来的无数个夏天回味吗？

这样的邂逅，能够彼此珍惜，彼此相知，便是最美好的时光。祝福你，我的朋友——林子方，远游未知，子必有方，愿你邂逅人生好时光！

小白诗趣

地理小博士

你知道下面诗句里的地名吗？

千里_____一日还。　　烟花三月下_____。

门泊_____万里船。　　西出_____无故人。

诗意书画

答案：江陵 扬州 东吴 阳关

26. 愿归来仍是少年

所　见

［清］袁枚[1]

牧童骑黄牛，歌声振林樾[2]。

意欲捕鸣蝉，忽然闭口立。

小诗浅译

牧童骑在黄牛的背上往家走，

嘹亮的歌声在树林深处回荡。

牧童忽然想去捕捉鸣叫的蝉，

立刻停止歌唱悄悄立在树旁。

① 袁枚：字子才，号简斋，晚年自号仓山居士、随园老人。清代诗人、散文家和文学评论家。

② 林樾（yuè）：指道旁成荫的树。

诗人逸事

少年天才袁枚

袁枚幼年时家境贫困，但他天资聪颖，又勤奋好学，常常向邻家借书看，或者去书肆里读书。他经常是一手翻书，一手执笔抄录，抄录好后，就按照文体分门别类进行整理。这样日积月累下来，他对很多文体都能信手拈来。九岁时，袁枚得到几本《古诗选》，这些书引发了他极大的兴趣，他吟咏、抄写、背诵，很快就熟悉了诗歌发展的脉络和作诗的要求。他天天模仿着写诗，居然写得清新流畅。

一天，小袁枚随着大人们游览杭州吴山，站在山顶鸟瞰杭州城，山腰云气蒸腾，城中千家万户尽在脚下。大人们连声赞叹，有人说道“眼前有景道不得”，有人连连赞美“好景好景”！这样的美景触发了袁枚心中的灵感，他当即吟了一首五言诗，其中两句说道：“眼前两三级，足下万千家。”这两句一出，大人们都惊异于袁枚的诗才，说这首诗想象力丰富、亲切自然。

当袁枚晚年重游吴山，回忆九岁吟诵的这首诗时，感慨地说道：“童语终是真语啊！”

童言童语

夏天的傍晚

我最喜欢去表哥家里

他能抓到在树上歌唱的蝉

能捉到发出微光的小萤火虫

能摘下树上甜滋滋的枇杷

能找到受伤的小鸟

我们把它带回家治疗

一起期待小鸟早日飞回它的家

古诗现场

愿归来仍是少年

夏日午后，江宁仓山下的随园外，村头小径，你沿着阡陌，轻轻捻起一片树叶，学着孩子的模样吹起来，还没吹出声，竟听到了欢快的歌声，是从小树林那头传来的，是山坡那边放牛的牧童在歌唱吗？

回过头，你看到远处，小牧童骑在老黄牛的背上走了过来。牧童的两只脚随意搭在牛肚上，轻快地一拍一打，歌声嘹亮而清脆，在整个树林间回荡。

忽然间，悠扬的歌声戛然而止。

你看过去，这小小的牧童，正站在一棵大树下，歪着头眯着眼睛望着高处。你顺着他仰望的方向，看到了正在鸣叫的蝉。小牧童将手指放在唇边对你示意，嘘，别吵到了它。

小牧童告诉你，这只蝉头大身子长，一定要捉回去给妹妹玩，爱哭的小妹妹呀，一听到蝉叫声就不哭了。

小牧童蹑手蹑脚地观察，伸长了胳膊，他在等待着机会。

你在一旁微微一笑，多么快乐的小牧童，既天真烂漫，又机智灵动，这才是少年该有的真性情。

你也曾是这样的少年，你也仍是这样的少年。

年轻的你踏进官场，却屡遭不顺。三十四岁那年，正值盛年，你却离开仕途，回到江宁，筑起随园，做回从前的少年，随心所好。

你好天下美食，写《随园食单》，须与忌之间，是舌尖上的智慧；你好奇闻趣事，在《子不语》的故事里任思想自由翱翔；你好一切美好的事物，你广交文士，广收弟子。当然，你最喜在“性灵说”里任诗文逍遥，你认为作诗应先有性情，再有格律，于是你常常忘韵而作。

只要所见随了心情，诗作便浑然天成，管它什么平声韵脚，自在就好。“歌声振林樾，忽然闭口立”，这哪有什么近体诗的韵脚了，分明是一首古绝，一首可见初心的古绝。原来，少年心就是这样，不论如何远行，归来时还是那个少年。

此刻，愿你归来仍是少年。

小白诗趣

猜谜语

垂緌饮清露，流响出疏桐。

居高声自远，非是借秋风。

（打一昆虫）

诗意书画

答案：蝉

秋卷

27. 立秋之日鹤冲天

秋词（其一）

［唐］刘禹锡[1]

自古逢秋悲寂寥[2]，我言秋日胜春朝。

晴空一鹤排云上，便引诗情到碧霄。

小诗浅译

自古以来人们都悲叹秋的萧条，

我却说眼前的秋天远胜过春朝。

那仙鹤振翅排开云层直上晴空，

正引发着我的诗兴飞上那云霄。

① 刘禹锡：字梦得，有“诗豪”之称。

② 寂寥（liáo）：寂静，空旷。这里指景象凄凉。

诗人逸事

刘禹锡三迁住处

永贞革新失败后，刘禹锡受到株连，被贬到和州。按规定，他在和州衙门里应住三间三厢的房子，但和州知县是个势利小人，看刘禹锡是被贬到此地的，便对刘禹锡百般刁难，让他搬出衙门，在城南门外面江而居。

刘禹锡心知肚明，却并不计较，还顺手撰写一副对联贴于门上。上联为“面对大江观白帆”，下联是“身在和州思争辩”。和州知县看刘禹锡这么淡定很是生气，又将刘禹锡的住处从城南门外搬到城北门外，住房也由原来的三间减为一间半。

刘禹锡从城南门外搬到城北门外，发现此房虽小，却位于德胜河边，河边杨柳依依，非常好看。于是，他又题作一联：“杨柳青青河水平，人在历阳心在京。”

知县见刘禹锡仍然悠闲自乐，气急败坏，便让他住进一间仅能容下一榻一桌的小屋。

刘禹锡住进小屋后，写下了流芳千古的名篇《陋室铭》，并请人刻碑立于门前，表达自己不慕名利的高尚情操，以及富贵不能淫、威武不能屈的高贵品格。

童言童语

秋天真好

有那么多好吃的瓜果

甜甜的，酸酸的

有那么凉爽的风

吹来了高飞的大雁

大雁在秋风里排成一行

秋风把我的歌曲

和唐诗宋词一起

吹上九万里云天

古诗现场

立秋之日鹤冲天

“秋”，从甲骨文字形看，像一只蟋蟀躲在巢穴里。

所谓的秋收冬藏就是如此吧——微风渐凉，昆虫藏身。

好像就在一夜间，夏天的颜色还没来得及改变，秋就已经来了。

那一年是公元805年，你走在朗州城郊，在众人悲歌时你独自一人欢笑，独自一人演奏着千古豪情。其实你来到朗州时，恰是人生最失意的时候，三十四岁，刚过而立之年，却在政治上受到排挤，历史上的“八司马事件”，你不幸也在其中。

十年后，你回到了长安。回去时正逢桃花盛开，你便去了玄都观赏花，提笔写道：“玄都观里桃千树，尽是刘郎去后栽。”你意有所指的讽刺，又一次将自己推出了长安。

你再一次回到长安，已是十几年后，“种桃道士归何处？前度刘郎今又来”，站在玄都观的你不改初心。

好个刘郎，来，放下行囊，请允许我陪你喝一杯。坐下，一同赏秋吧，赏这秋的声和色。在秋色里绘一幅斑斓图，这图中有山有水，有红叶有高楼。

再抬眼时，竟有一只野鹤直冲云霄，从你头顶的万里晴空飞过，你惊喜无比，在刚绘成的秋色图上方点染几笔，那一飞而上的鹤就立于画中了，画顿时生动起来，也顿时高傲起来。你一抖笔，再洒落几滴，让那墨自然晕染开，竟成了最美的背景——这就是眼前的万里碧霄呀。

赞叹的瞬间，这立秋的晴空，一下子拥抱了如鹤般孤傲的你，你站立起来，书写壮怀，成为后代仰慕的“诗豪”。

一千多年后，你的豪气，让一代伟人毛泽东在独立寒秋中产生了共鸣：“一年一度秋风劲，不似春光。胜似春光，寥廓江天万里霜。”

你终于明白，心上有秋，自是为愁；心在万里，便是立秋之日冲天的鹤。

小白诗趣

擂台赛

“秋”与“春”的诗句，你知道多少呢？

自古逢____多寂寥。　　桃花依旧笑____风。

湖光____月两相和。　　草树知____不久归。

____潮带雨晚来急。　　峨眉山月半轮____。

诗意书画

答案：秋 春 秋 春 春 秋

28. 踏过人生的清秋

马　诗

［唐］李贺[①]

大漠沙如雪，燕山月似钩。

何当金络脑[②]，快走踏清秋。

小诗浅译

月夜下广袤沙漠像铺上层层霜雪，

燕山上那高悬的弯月如银钩微翘。

到何时才能给快马配上金饰络头，

在明净爽朗的秋日里自由地奔跑。

① 李贺：字长吉，唐代浪漫主义诗人，有“诗鬼”之称。与李白、李商隐并称为“唐代三李”。

② 金络（luò）脑：用黄金装饰的马笼头。

诗人逸事

呕心沥血

诗人李贺七岁就能写诗作文章，才华横溢。成年后，他一心希望能得到朝廷的重用，但是，他在政治上从来没有得志过，只能把这苦闷的心情倾注在诗歌的创作上。

他每次外出都让书童背一个袋子，袋子里装着纸笔，只要一有灵感想出几句好诗，就马上记下来，回家后再进行整理、提炼。母亲总是心疼地说："我的儿子已把全部的精力和心血放在写诗上了，真是要把心呕出来才罢休啊！"

李贺在他短暂的二十七年生命中，留下了二百四十多首诗歌，这是他用毕生心血凝成的。李贺的好朋友韩愈曾写过这样两句诗："刳肝以为纸，沥血以书辞。"诗的意思是说挖出心肝来当纸，滴出血来写文章。这正是李贺写诗最真实的写照。

童言童语

我想有一匹快马
带我走在大漠如雪的平沙
我想有一匹快马
带我去看燕山如钩的明月
我想有一匹快马

最好缠着黄金的辔头

让我在秋天的战场驰骋

为我的伯乐立下汗马功劳

古诗现场

踏过人生的清秋

那个倒骑弱驴的书生，正行走在悠长的古道，每走一步都要仰望，直到月亮升起，他才收拾起自己的破行囊，而那里面定是他这一天的佳句偶得。

他是文学界的鬼才，却徘徊在官场门外，眉眼间难掩落寞，何况作为李姓皇族之后，光宗耀祖的牌匾总是鲜亮地在他的梦中出现。唐朝大钟余音响，他的骨血里流淌着皇族的尊贵，他迈出长安，仰天大笑。

从此，他爱上了马，只盼奔腾在黄沙大漠，寻找着前世的功勋。然而即便是马，也是落寞的马——那如铺了霜雪的大漠，能否听到他急切的心声？

难怪黄沙上会有如雪的白，那是清冷的月辉，在黑夜里覆盖了李贺的梦。那梦与藩镇跋扈有关，与幽州蓟门有关。

马儿开始奔跑了，在寂寞的燕山，扬起的沙尘，掩住无数士兵的面容。其中一个思乡的征人，拾起绢布，读着诗句，坚定起身。

燕山的月高悬，月如钩，一直在他的梦中萦绕，晓月当帘挂玉弓，他走在南园也仍旧记挂着这似钩的月，朝向北方，遥望。

什么时候马儿才能套上威武的鞍具，驰骋疆场，建立功勋呢？骐骥跃起，它的领地在北疆，它的命运在战场。李贺敲打着窗格，痛不欲生。

他遥想起李广——同姓家族的沙场名将，最终也难封侯。他呢，别说报国，仕途之梦早就被莫须有的罪名断送，曾担任的小官，也不过是为人扫地、帮助祭祀的九品小吏，谈什么报效朝廷，朝廷早将他拒之门外了。

什么时候骏马能驮着他飞奔在沙漠，好男儿的疆土在遥远的北方，然而北方终究成了无法企及的梦。

落寞寄余生，二十七岁，鼎盛年华，李贺郁郁而终。英才多早逝，孩子们轻叹“何当金络脑”，不在未知的清秋，就在明日的盛夏！

踏过人生的清秋，你一定会遇见五彩的四季。

小百诗趣

动物园

请帮助动物找到它的小伙伴。

车如流水马如____。

气吞万里如____。

牧童骑黄____。

诗意书画

答案：龙 虎 牛

29. 坐看你从银河来

秋　夕

［唐］杜牧

银烛秋光冷画屏，轻罗小扇扑流萤。

天阶夜色凉如水，坐看牵牛织女星。

小诗浅译

秋夜烛光映着冷清的画屏，

手拿绫罗小扇扑打萤火虫。

夜色中的石阶清凉如冷水，

静坐寝宫凝望牛郎织女星。

诗人逸事

十年之约

杜牧年轻时，曾与友人一起到湖州游玩。在湖州，他对一位姑娘一见钟情，杜牧与其母亲商量，相约十年后来娶这姑娘。杜牧又对这位姑娘说："十年后，我会来这里做郡守，到时再来娶你。如果十年后我没有来，你就另嫁他人吧。"

十四年后，杜牧实现了自己的愿望——到湖州做了刺史。到任后，他第一时间打听那位姑娘的消息，结果那位姑娘早已结婚生子，十年之约终究未能圆满。杜牧非常惆怅，写下了一首诗：

"自是寻春去校迟，不须惆怅怨芳时。狂风落尽深红色，绿叶成阴子满枝。"

童言童语

我手心里的小虫

只为我一个人发光

我要把它装进透明玻璃瓶

我要看着它

在每一个夜晚

妈妈告诉我小虫等待了一年

只为这七天的闪烁

就像牵牛织女

等待了一年

只为了相见的那一刻

古诗现场

坐看你从银河来

夜晚，银河两岸深情对望的河鼓三星和织女星终于相会了。今夜是最温馨的家人相会，这一夜，他们等了三百六十五天。

这便是牛郎和织女千年不变的守候。

斗转星移，又是一年七夕日。

“迢迢牵牛星，皎皎河汉女。”你是夜空遥远而明亮的那颗星，我望着你，你望着我，在这盈盈一水间，此情深深，竟然脉脉不得语。

腾空而下，你拥一缕清辉从容行走在人间。皇宫深处，一个宫女正在烛光闪烁中看着你在画屏的间隙处游走。

宫女的眼神里全是孤独和失意，你猜想着她的心事，希望可以慰藉她的忧伤，只是人间总有悲喜事，只能安慰自己：得之我幸，不得我命。

矮树间的萤火虫成了温暖的陪伴，她执起轻罗小扇轻轻拍打着，扇动的刹那，好像听见了萤火虫的欢笑。她坐下来静静地看着，萤火虫们你追我赶，高高低低，错落成夜空的精灵，若明若暗，若隐若现，是你从衣袖间撒下的星子吗？

天阶在夜色中冰凉如水，宫女回忆起入宫前的那个七夕。曾经对他芳心暗许，他也同牛郎一般，在树下等候着。只是没承想，被生活所迫，她进了宫，他在宫外徘徊，从此，宫内宫外，只能相思。

她羡慕织女，唧唧复唧唧，织一道天锦，纺一世凝望，虽然不能长相厮守，但可以在每年一次的相会里遥望下一年的相聚。

他羡慕牛郎，担起两个娃娃，担的是希望，担的是欣喜，每一年的相见，都可以换回最真实的拥抱。

你在她的羡慕里疾驰而过，依稀间你看到她双手合十许愿，也罢，俗世总免不了长相思。

也好，世间所有的离别，都预示着下一次的相逢。

自此，漫漫长夜，余留相思。

小白诗趣

猜谜语

出入君怀袖，动摇微风发。

常恐秋节至，凉飙夺炎热。

（打一生活用品）

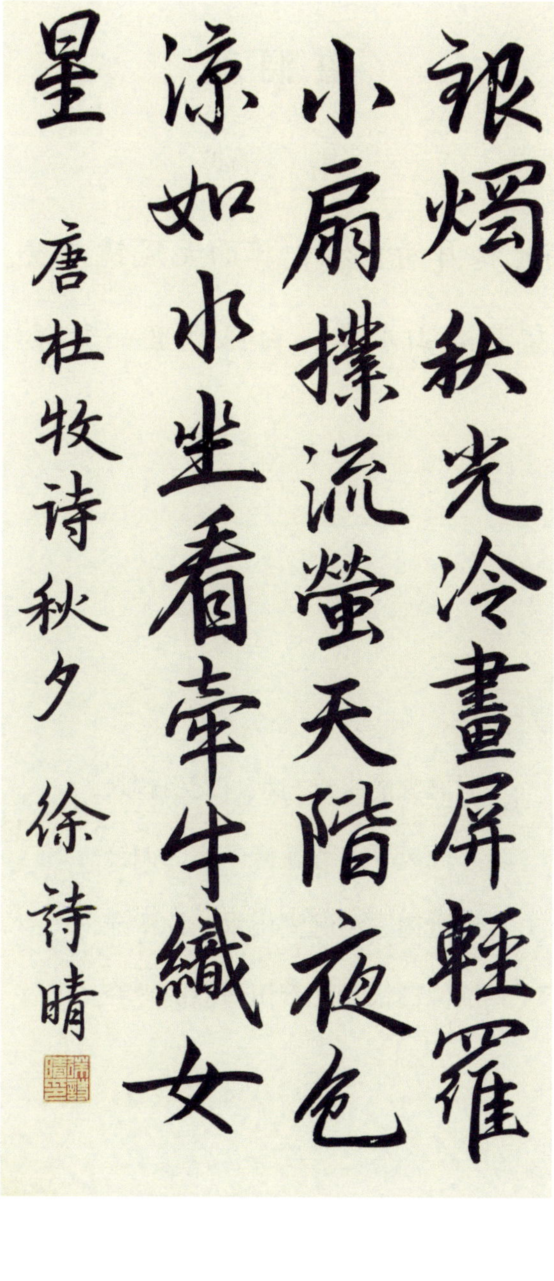

谜底：扇子

30. 只此青绿在人间

望洞庭

［唐］刘禹锡

湖光秋月两相和，潭面无风镜未磨。

遥望洞庭山水翠，白银盘里一青螺[①]。

小诗浅译

洞庭湖的水光与秋月交相辉映，

水面风平浪静就像未磨的铜镜。

远远望去洞庭湖山水一片翠绿，

恰似白银盘托着田螺似的青峰。

① 青螺（luó）：这里用来形容洞庭湖中的君山。

诗人逸事

司空见惯

据资料记载，唐大和二年（828），刘禹锡从和州奉诏征还，到京城担任主客郎中、集贤殿学士。曾经担任过司空一职的李绅，刚好从外罢镇回京，因仰慕刘禹锡的才学，便厚设饮馔，请他到府上喝酒。酒酣之际，李绅邀请了几个歌女在席上载歌载舞，歌女们一个个为刘禹锡把盏敬酒。哪知，刘禹锡对此并不习惯，看到这种场面心情极不舒畅，于是便作了一首诗："鬖髻（wǒ tuǒ，形容发髻或头发好看）梳头宫样妆，春风一曲杜韦娘。司空见惯浑闲事，断尽江南刺史肠。"后两句的意思是：您司空大人常见的事物，却让我这个江南小吏肝肠寸断啊。

后世成语"司空见惯"，便是从刘禹锡这首诗演化而来的。

童言童语

平静的湖面好像一面镜子

我能看到自己

也能看到里面的小鱼

我照镜子的时候

镜子外也有人在看我吗

有风的湖面好像早上我喝的温水

被我一吹就泛起一圈圈水波纹

哦，风姑娘也被妈妈催着喝水了吗

古诗现场

只此青绿在人间

一个秋天的夜晚，八月的洞庭湖风平浪静，是岁月静好的美丽。你途经这里，要去和州，那里的陋室还没有建起，但此地的山水早为你披上青绿的外衣。

湖面上泛起的青光，是青绿的底色，水映出天的辽阔，天俯瞰水的宁静；水拥抱天的伟岸，天拥抱水的温柔。这一刻，你只想勾勒出水天在青绿间的和谐与纯净。你从来没有想过可以有这样的时刻：无人打扰，无人走近，只有你和眼前的青绿相对。

从玄都观赏桃花开始，你就希望可以静静守在长安，等待桃花依旧笑春风。你把愿望写成诗，却因诗被贬，只好一路南下，一路赏景。

到了洞庭湖，青山绿水在你眼前幻化成最美的仙境。目光所及，是明镜吗？是银盘吗？是青螺吗？

坐在远处的你，醉在了朦胧的月光下。树在身后摇曳，仿若一个个仙子，走到洞庭湖前，为你镶嵌一颗精美绝伦的翡翠，这翡翠再摇身一变，变成了湖上的一座山。

据说，这座山深藏着舜帝妃子娥皇和女英的思念。相思成殇，泪落斑竹，酿成一座山的深情，让湘水都缠绵悱恻起来。这舜帝便是屈原《九歌》里的湘君，在湘夫人的守望里从一个人走向一座山，这座山就叫“君山”，就是你眼前犹如青螺的高山。

秋光里，青绿的君山让人迷离，究竟是色彩的重叠，还是冷色调的渐变？你竟难以描绘它的美，难怪“诗仙”李白也赞叹：“丹青画出是君山。”画家笔下最美的千里江山，也不过如此吧。

是呀，只此青绿在人间，世人怎能拒绝它的美！

如果青绿有声音，那一定是松间清泉的潺潺声，也一定是山间啼鸟的鸣唱。它们和着月光洒来，随之而来的，是你悠扬和谐的琴音，再伴一支洞庭曲。

你将所有的吟唱谱成山与水的交响：只此青绿在人间！

小白诗趣

地理小博士

你知道下面诗句里的楼是什么楼吗？

故人西辞______楼，烟花三月下扬州。

昔闻洞庭水，今上______楼。

诗意书画

答案：黄鹤 岳阳

31. 不要剪断我的发

秋浦歌（其十五）

［唐］李白[①]

白发三千丈，缘愁似个长。

不知明镜里，何处得秋霜？

小诗浅译

头上的白发足有三千丈，

因内心忧愁才长这么长。

对镜自照后悲愁更加浓，

何处的秋霜竟落在头上？

① 李白：字太白，号青莲居士。唐代伟大的浪漫主义诗人，被后人尊称为“诗仙”。与杜甫并称为“李杜”。

诗人逸事

梦笔生花

相传，李白在少年时代曾经做过一个奇特的梦。梦中，他正在奋笔疾书，突然，他发现笔头上开出一朵洁白如玉的莲花，这莲花光彩夺目，正诧异间，一张张白纸从天而降，落到他的面前。李白高兴极了，抓起妙笔飞快地写了起来，落在纸上的墨立刻变成了一朵朵盛开的莲花。于是，李白捧起一堆莲花，向屋外的池塘跑去，他在池边站定，扬手把莲花撒向池水中。

顷刻间，奇迹出现了：只见莲花入水后，即刻生出茎叶，竞相绽放。微风吹来，花儿轻轻摇曳，阵阵清香沁人心脾，李白十分欢喜，刚要伸手去摸，忽然从梦中醒了过来。李白回忆着梦中的情节，感慨道：这是一个多么神奇美好的梦啊！此后，李白的才思更加敏捷，读书也更加刻苦。最终李白成为一个才华横溢、举世闻名的诗人。

后来，成语“梦笔生花”就用来形容一个人文思敏捷、才情横溢。

童言童语

我在镜子面前左照右照

也照不出李白那么长那么长的头发

居然有三千丈呀

要从我的小房间拖到楼下花园了吧

还不够呢

那一定是拖到好朋友丽丽的家里了

告诉她

我家有好多好多洋娃娃

古诗现场

不要剪断我的发

孩子，你脚下流淌的河水，有一个动听的名字，叫秋浦河。

当年，已经五十多岁的诗人李白来到此地，沿着河畔走了无数遍，走走停停，吟下十七首诗，仍摆脱不了内心的失意。原来心不得志，世间万物也是不如意的。

那流淌的河水，一泻千里，河流湍急，溅起的白色水花，击打在他的眉睫处。这奔腾的河流，怎么那么像他斑白的发："两鬓入秋浦，一朝飒已衰。猿声催白发，长短尽成丝。"

唱着昨日在秋浦河边写的诗，他才察觉到白发早已满头。

从秋浦河上游走来的渔翁，一路归家一路私语："这一天似个好吧。"多么自然的语言，"清水出芙蓉，天然去雕饰"，他喜爱这天然的清新，乡音里有动人的旋律。

“白发三千丈，缘愁似个长”，哈哈，刚听到的方言真是恰好的词呢。

这白发，这流水，都熏染了亘古的忧愁呀！

洒脱如他，也害怕看到镜子里的自己，青丝蓦地成白雪，朝朝暮暮，繁华瞬间即逝。那日还在元丹丘面前大呼着“天生我材必有用”，今日就感受到了人生终究是无奈。

秋霜便似他的白发，在这个早晨格外清寒起来。

“我携一樽酒，独上江祖石。”那庞大的石头便是最好的栖息地，他坐在水边大石上，心早没了最初的愁苦，再多的白发也不过是烦恼丝。

不要剪断我的发，剪去了白，割不去愁，不如戴一顶峨冠，将无尽的愁隐藏。从此，人在江湖，庙堂仍是最深的牵挂。

不要剪断我的发，那是我悠长的愁丝。离开长安，我的心早已是飒飒秋风白发生。

不要剪断我的发，三千白发经过岁月的淘洗，流经盛世，流到今朝，在秋浦河的轻轻吟唱中飘舞起三千丈的忧愁，三千丈的美丽。

孩子，溯着三千丈的源头，我们来了，听一听诗人的叹息，掬一捧洁净的秋浦水，任时光流逝，任白发丛生，我们都是一如初见般欢喜。

小白诗趣

四季园

你最爱哪个季节？请和小伙伴们说一说它的美。

万紫千红总是____。　　绿树阴浓____日长。

我言____日胜春朝。　　夏有凉风____有雪。

诗意书画

答案：春 夏 秋 冬

32. 玲珑剔透如你心

石　榴

［唐］李商隐[1]

榴枝婀娜[2]榴实繁，榴膜轻明榴子鲜。

可羡瑶池碧桃树，碧桃红颊[3]一千年。

小诗浅译

石榴的树枝婀娜，果实累累，

外膜轻又透，榴子既鲜又美。

天上的瑶池碧桃有何可羡慕，

历经千年才会如石榴般娇媚。

① 李商隐：字义山，号玉溪生，晚唐著名诗人。与杜牧并称“小李杜”。

② 婀娜（ē nuó）：轻盈柔美的样子。

③ 颊（jiá）：脸的两侧。

诗人逸事

忘年交

白居易到了晚年的时候，最喜欢读李商隐的诗文，他与李商隐是历史上有名的忘年交，白居易曾对李商隐开玩笑说："我死后，能转世做你的儿子，就心满意足啦。"

白居易死后数年，李商隐果然生了个儿子，思来想去，李商隐给儿子取名为"白老"，以表达对白居易的思念。白老长大后，却愚钝不开窍，温庭筠曾对他开玩笑地说："把你比作白居易，是不是太辱没他了？"后来，李商隐又生了一个儿子，取名"衮师"。衮师既聪明又俊秀，李商隐曾经写诗称赞他："衮师我娇儿，英秀乃无匹。"

后来有人议论，衮师才是转世的白居易呢！

童言童语

石榴为什么会红呢

是被五月温柔的风染成红色的吗

是因为榴花姐姐太美

石榴见了她害羞了吗

还是因为想到要进我的小肚子里

紧张地憋出一张大红脸呢

古诗现场

玲珑剔透如你心

一场秋雨，仿佛一夜间，风捎来了果实累累的消息。你眼前的枝头，一颗颗可爱的小脑袋摇曳着，相互点头应和着，青绿的、白嫩的、粉红的，绿叶间的小家伙们争先恐后地成熟起来。

等到第一缕阳光爬到这些小脑袋上时，它们便一起笑开了口，嬉戏着，追逐着，从白天到夜晚，盼望着月圆的日子。

一颗红石榴在你眼前绽开了，玲珑剔透，如你的心——

你看着庭院里婀娜多姿的石榴树，恰似妻子王氏在世时的娇美。当年，你们曾在花下你侬我侬，现在只能两处话凄凉了。

千房同膜，千子如一，曾经最美好的祝福全在这笑盈盈的石榴果实里。如今，果实依旧露出晶莹的颗粒，而那个如珠玑般的可人儿呢？

你轻轻叹气，掰开一颗石榴，轻透的膜，新鲜的子，一下子跳跃起来。你最爱透着红润的那一颗，就像记忆里王氏的面颊，透着娇羞。

人人都说你李义山痴情。可以“一寸相思一寸灰”，也可以“心有灵犀一点通”；会痴痴地问“何当共剪西窗烛”，也会痴痴地想“相见时难别亦难”……

你将难以描述的情愫汇成十五首《无题》，那些炽热的情感，在每一个夜晚，成了你无眠时的心安。你终是拜倒在青春的石榴裙下，思念起五月的石榴红。

五月又叫榴月，你最爱五月石榴花开的盛景！

情到深处才见浓，浓得似红花，一袭石榴裙，满园百花妒。

梁元帝填词“芙蓉为带石榴裙”；李白移舟木兰棹，行酒石榴裙；白居易听琵琶女诉往事，感慨当年“血色罗裙翻酒污”，这女子的裙一旦染上了石榴红，就足以让世间帝王和诗人们折服。

又是一年仲秋，月明星稀，你在树下，石榴盈手，榴子玲珑剔透，如你初心，得你欢心！

小百诗趣

百科小博士

你能说出下面诗句中的水果吗？

一骑红尘妃子笑，无人知是____来。

____美酒夜光杯，欲饮琵琶马上催。

桃花四散飞，____压枝垂。

____解结垂檐子，杨柳能低入户枝。

绿杨烟外晓寒轻，____枝头春意闹。

诗意书画

答案：荔枝 葡萄 桃子 樱桃 红杏

33. 只想和你在一起

十五夜望月

［唐］王建

中庭地白树栖鸦，冷露无声湿桂花。

今夜月明人尽望，不知秋思落谁家。

小诗浅译

庭院里月光洒满一地，高树上栖息着乌鸦，

清冷的露水无声地湿润了整个季节的桂花。

今夜月亮高悬于夜空，人人都在仰望着它，

不知这深深浅浅的秋思即将停落到谁的家。

诗人逸事

王建巧化危机

与张籍并称“张王乐府”的王建，一生创作的宫词有一百首之多。这些宫词以皇宫内帷之事为题材，从女性视角出发描写她们的感情与生活，其中不乏佳作。这些宫词也使得王建声名大噪。

一次宴会上，宫廷内侍王守澄喝醉了酒，夸耀自己的成就与能力。王建也喝了不少酒，听了这些话后便借古讽今，暗讽王守澄宦官专政。王守澄听后十分气愤，问道：“老弟你以‘宫词’著名，不知道你这些宫廷秘事都是从哪里听来的？”这句话把王建吓出一身冷汗。原来他与王守澄是本家兄弟，虽然在仕途上这位兄弟没有帮衬王建什么，但私下着实告诉他不少宫廷里的秘事。凭借着这些故事，王建才能创作出那么多宫词。

这时王建灵机一动，当场献上一首诗，其中一句写道“不是姓同亲向说，九重争得外人知”。意思是说，如果不是我的同宗好友您告诉我的这些故事啊，宫禁森严，我这个宫外人如何得知宫廷秘事呢？

王建用这首诗巧妙地回答了王守澄的问题，又让王守澄没有开罪于自己。这可真是以才智化解了一场危机啊。

童言童语

你看，你看那月亮呦

月亮上住着偷走灵药的嫦娥

还有奔它而去的李太白

你看，你看那月亮呦

月亮下住着但愿人长久的苏东坡

还有团团圆圆的美好人间

古诗现场

只想和你在一起

孩子，让我们仰望夜空，望向那最亮的地方，那圆圆的月宫，那里住着我们思念的人，他一定也在深情地注视着我们。微笑吧，吟诗吧，最美的诗句一定会穿过夜幕中的云彩，抵达彼此的心间，至此，两不忘。

在你拜月的时候，你是否记起童年时的每一个月夜？秋风起，夜初凉，白日里最热闹的鸦雀此时无声了，静静地栖于树间。这时候，祖母的故事就从月宫中的嫦娥仙子开始了。

碧海青天，夜夜思念。嫦娥如果可以留在人间做后羿的娇妻，岁月流转，或许会容颜憔悴，但总好过此刻独守月宫，寂寞永恒。

此刻，最怕怀念。怀念有人相伴的某年某日。

是一起赏月的父亲吗？依稀记得孩提时，他拥着你写下四方周正的汉字，然后为你说起横竖撇捺的前尘旧事，最后轻抚你额头，殷殷数语，盼你光耀门楣。

是和你一起漫步庭院的妻子吗？难得团圆，月明星稀，你忆起两人初见时，美人娇羞，胜似眼前桂花。落魄岁月里，有妻子在，有儿女在，再凄冷的秋雨打在身上，你也能感受到一丝温暖。

是耕种田地的农人吗？你胸怀黎民，心系田野，阡陌交通处，你祈愿风调雨顺，今夜雨露，明日稼穑无忧，颗粒满仓！

是窗下剪烛的织妇吗？水寒手涩，续来续去，断去的布匹等着下一夜的叹息——唧唧复唧唧，叹息复叹息，促织机下鸣，只为富家织。

是异地遥望明月的杜郎中吗？曾经月夜对饮，酒逢知己千杯少。

人人尽望月，何人初见月，何人可待月？

在月亮最美的时候，寻最好的知己，在月下忆一份甜蜜，送一份祝福——但愿人长久，千里共婵娟。

此刻，只想和你在一起，便是最美的情话，生生世世，相守相依！

小白诗趣

飞花令

你能说出几句含“月”的诗句？

诗意书画

答案：月落乌啼霜满天，江枫渔火对愁眠。（张继《枫桥夜泊》） 小时不识月，呼作白玉盘。（李白《古朗月行》） 月出惊山鸟，时鸣春涧中。（王维《鸟鸣涧》） 可怜九月初三夜，露似珍珠月似弓。（白居易《暮江吟》）

34. 一俯一仰一场笑

一字诗

［清］陈沆[1]

一帆一桨一渔舟，一个渔翁一钓钩。

一俯一仰一场笑，一江明月一江秋。

小诗浅译

浩渺江面上，一叶渔舟轻轻划过江心，

一个渔翁搁置钓钩，悠然自得地划桨。

一会儿俯身一会儿仰起，乐呵呵地笑，

皓月当空，银辉和秋意洒满了整条江。

① 陈沆（hàng）：字太初，清代古赋七大家之一，被魏源称为“一代文宗”。

诗人逸事

状元巧作一字诗

清朝嘉庆年间，陈沆去参加选拔举人的乡试以求取功名。他刚走到巴河岸边，便看见渡船驶离河岸，船上坐满了各乡秀才。陈沆恳求船公行个方便，将船撑回岸边，载他一起过河。

船公见他是个文质彬彬的书生，便有意同他逗乐，说道："相公既是去赶考，必然满腹文才。如果你能作一首包括十个'一'字的七言绝句，老夫即刻掉转船头前去接你。如果不能，那就要请相公耐心等待，待老夫将这一船才子送到黄州，上岸后喝上二两老酒，再慢慢回来接你。"陈沆一听急得直跺脚，忙说："小生遵命，请您先将渡船撑回头，我好赋诗，您也好听得清楚。"老船公捋着胡须微笑道："也好。"随即把船撑回了岸边。

这时，恰好江心划过一条渔船，只见一个渔翁坐在船头，身边搁着一根钓竿，双手划着桨，身子一俯一仰悠然自得，还乐呵呵地唱着渔歌。陈沆看到此景灵机一动，当即高声吟道："一帆一桨一渔舟，一个渔翁一钓钩。一俯一仰一场笑，一江明月一江秋！"

船公和满船秀才无不拍掌称赞，都高兴地让出座位让陈沆坐下。

后来，陈沆不但乡试中举，而且会试也一举夺魁。嘉庆二十四年（1819），陈沆得中状元，被授翰林院修撰。而关于《一字诗》的故事也被传为佳话。

童言童语

我喜欢在河边看爷爷钓鱼

鱼钩上拴着小鱼爱吃的食物

钩子扔下去的时候

爷爷抽起旱烟

搓一搓，揉一揉

烟还没抽几口

鱼钩就动了

小黄狗你不要叫

一会儿咱们就能钓上来一条大鱼啦

古诗现场

一俯一仰一场笑

一支笔，足以抵达万水千山，将那幸福的时光定格在水边、在江畔、在孤舟上。

那一天，你背负起科举考试的行囊赶往黄州，你看着船只载满了秀才，你在岸边吆喝着想同行，艄公笑着给你出了命题绝句：“需要包含十个‘一’字，看你能否让我称心如意。”

你在艄公撑船回头的刹那，望向秋波荡漾的江心，一扬眉，清水激荡在你眉心：

“一帆一桨一渔舟，一个渔翁一钓钩。一俯一仰一场笑，一江明月一江秋！”

满船喝彩，艄公颔首而笑：孺子可教，可成大器。

那天以后，饱尝艰辛的你不但乡试中举，而且考中进士，夺取状元，在那个重视人才的嘉庆年间，学而优则仕，你陈沆名震朝野。

你身后的清朝虽不再是繁华盛世，却也是泱泱大国的模样，大笔如椽，可成就功名，挥洒一方江山的雄伟。

“师夷长技以制夷”的魏源，“不拘一格降人才”的龚自珍，都是不论贵贱与你相知的朋友。人生至此正如当年，一俯一仰一场笑。

一人独拥一江水，你一声高喝，满江水奔腾。不过一个转身，一江春水向东流，一江秋水伴你行。

王士祯和朋友在《秋江独钓图》前也是一样的欣喜：“一蓑一笠一扁舟，一丈丝纶一寸钩。一曲高歌一樽酒，一人独钓一江秋。”

陪着乾隆皇帝游扬州的纪晓岚，也羡慕这样的渔翁：“一篙一橹一渔舟，一个梢头一钓钩。一拍一呼还一笑，一人独占一江秋。”

世间悠闲客，自在崂山间，那崂山的钓鱼台在数百年间，也是一样的简单：“一蓑一笠一髯叟，一丈长竿一寸钩，一山一水一明月，一人独钓一海秋。”

你看，“一”可孤独，一人独钓；“一”可圆满，一江清秋；

“一”可纯粹，一曲高歌；“一”可丰盈，一江明月……

世事多如此，素心如简，大爱至简，“一”便是坐拥天下的王。

走过千山万水，还是一如从前，一俯一仰一场笑。

小百诗趣

诗歌小达人

“一俯一仰一场笑”，“俯”和“仰”是反义词。下面诗句中也含有一组反义词，填一填，找一找吧！

少小离家老__回，乡音无改鬓毛衰。

南朝四百八十寺，多__楼台烟雨中。

山重水复疑无路，柳__花__又一村。

______看山有色，近听水______声。

横看成岭侧成峰，__近__低各不同。

诗意书画

答案：大 小 暗、明 远、无 近、高

35. 天涯海角你都在

宿建德江

［唐］孟浩然

移舟泊烟渚①，日暮客愁新。

野旷天低树，江清月近人。

小诗浅译

我把船停泊在暮烟笼罩的小洲，

茫茫暮色给游子新添几分乡愁。

旷野无垠远处天空比树木还低，

江水清澈更觉月与人意合情投。

① 烟渚（zhǔ）：指江中被雾气笼罩的小沙洲。

诗人逸事

父子矛盾

孟浩然因为拒绝参加科举考试与父亲闹翻，就搬出家住进了鹿门山，也就是在这个地方，他认识了后来的妻子——一个漂亮且坚强的姑娘。这位姑娘在十七岁时失去了父亲，家里的重担全部压在她的身上，但她并没有被压倒。这个身世可怜的姑娘身上的坚强和担当吸引了孟浩然。

但是，以孟浩然对自己父亲的了解，他知道父亲是绝对不会同意自己娶这位姑娘的，所以他就又任性了一回，直接与这姑娘拜堂成亲了。当然，孟浩然的父亲也不是寻常人，即使在孟浩然妻子生下孩子之后，他依旧不允许儿媳进入孟家大门。最后这场父子间持续了多年的战争，以父亲的去世宣告结束。

孟浩然从二十岁结婚到二十六岁时父亲去世，六年间父子二人只见过一面。这让孟浩然感到万分愧疚，所以他决定完成父亲对自己的期待：参加科举，考取功名。但令人遗憾的是，他终其一生也未能完成父亲的心愿。

童言童语

礼拜天的早上

我和爸爸妈妈去划船

船往前头走，水往身后流

我学爸爸的样子伸出小手去摸水

水从我的手指缝流了出去

呀，有小鱼来亲吻我的小手啦

小鱼也在和爸爸妈妈一起度假吗

古诗现场

天涯海角你都在

远远地，你撑着一叶小舟在江面摇曳，风吹白了你的鬓发，也吹乱了你的心情，棹横在水面，你不疾不徐。

近了，近了，我在建德江的源头等你，等你忘却昨日烦忧，等你带一壶好酒来，坐下，斟上，举杯，大笑。

“李杜文章在，光焰万丈长。”我就在这光焰中闭上了眼，一闭上眼，我的心里便只有你，我的孟山人。

为了寻你，我不惜踏遍徽州的山水。我沿着新安江，一路追随着你，看着你踌躇满志，怀揣希望奔入长安，却又因在一壶酒里吐了真言，被唐玄宗弃置一旁。那天我听到了你的一声叹息，随性而执拗，你总是不屑于改变呀。

终于你将船泊在了岸边，既然前途未卜，不如歇息！

今夜就借宿在这烟雾迷蒙的江渚吧，你看着周围的人一个个放下船桨，挑起鱼篓，跑向正等候在岸边的妻儿。我好像听到了你的苦笑声，在这里，你不是归人，你只是过客。

远处的天，近处的树，高高低低，让你迷离。天比树低，却遥不可及，你在树下怅然若失。

你失去的可以是虚名，可以是浮利，断然不可以是初心，让后人对你一见倾心的初心。

你抬头望向那低处的天空，终于明白，原来自己从没有孤独过，那近在咫尺的，不就是天涯海角都形影相随的月亮吗？

一轮孤月，一个孤独的人，这不就是最美好的相守吗？

孤月是不会放弃你的，她不会因为你纵酒随性而弃置你，也不会因为你多喝了几口酒下逐客令而不愿为你进言，更不会因为你只爱山水而远离你。

天涯海角，你在哪，她便在哪。

遥寄尺素，你想告诉思念的家人、朋友，心有彼此，便仰头望月吧，因为月亮在上，可以照到你想见到的人，而他们只要记住：

天涯海角共明月，天涯海角你都在！

小白诗趣

捉迷藏

九宫格内藏着一句诗，你发现了吗？

水	风	近
清	人	月
花	江	天

诗意书画

答案：江清月近人

36. 心有茱萸点点伤

九月九日忆山东兄弟

［唐］王维

独在异乡为异客，每逢佳节倍思亲。

遥知兄弟登高处，遍插茱萸①少一人。

小诗浅译

独自流落他乡做了异乡客，

每逢良辰佳节最思念至亲。

遥想今日重阳兄弟们登高，

他们佩戴茱萸只少我一人。

① 茱萸（zhū yú）：一种香草，可入药。古时人们认为重阳节插戴茱萸可以避灾克邪。

诗人逸事

巨石的传说

王维曾经作了一幅叫《巨石图》的画赠给岐王，岐王十分喜爱，便挂在画室天天欣赏。

传说，有一天晚上，天空电闪雷鸣，风雨大作。从挂《巨石图》的房间传出一声巨响，岐王起身去看，只见画室屋顶出现一个大窟窿，再一看《巨石图》，发现画上的巨石不翼而飞了，只剩下一张白纸。之后岐王派人去找巨石，找了很久也没有找到，后来这件事就这样不了了之了。

直到后来的唐宪宗时期，高丽使者送来一块大石头。高丽使者说，这块石头是在几十年前一个风雨交加的晚上飞落到他们神山上的，直到最近，他们中懂汉字的学者说，这是唐朝的石头，高丽不敢留下，所以就把它送回来了。

唐宪宗忙派人查看，发现石头上面有王维的印章和题字，又将收藏的王维手迹拿来比对，确定此石就是从《巨石图》上飞出的巨石。经过此事，唐宪宗觉得王维的画作很神妙，于是派人到处搜集王维的画作，并收藏于宫中。

童言童语

重阳节到了

人们要去登高

我和小伙伴比赛看谁能最快爬上山顶

登上九十九级台阶

摘下开得最美的菊花

哼，我一定不能输给他

因为我答应奶奶

要戴着她帮我插好的茱萸去山顶

古诗现场

心有茱萸点点伤

九月九日重阳节，集市上孩子们跑了起来，抓一把茱萸，吆喝着登高去。

路旁的树开始枯萎了，飘落的秋叶卷起一个游子的思念。还记得那年彼此的相依吗？兄弟数人，登高望远，路边绽放的菊花绚丽，大家携手站在山巅，听松涛卷微风，看烟霞逐夕阳。

而此刻，只我一人，独在异乡，不知谁家吹起了相思曲，惹人忧伤。

身在异乡便是客，匆匆的马蹄声成了行者的跫音，在夜间静静地回响，嗒嗒嗒……这个夜晚注定无眠。思念，如抽芽的树，连着我的筋骨在夜色中吱吱作响。

这样的声响，在节日里是不能倾听的，一听一断肠。

每逢佳节，倍思亲，倍思亲。

只好在异乡的长亭，端坐，望月，思乡。

那年在家乡和兄弟一起攀爬的山，不过是一座小小的矮山，但依旧让他们兴奋，在节日里，他们一起登高。

是什么样的思念呀，让当年的时光流光溢彩？

从此世间所有的登高，都定格在那个青春洋溢的重阳节里。

“明年此会知谁健？醉把茱萸仔细看。”兄弟再聚时，已经记不得各自最初的模样了，可插下的茱萸少了。这才惊觉，此去经年，每逢重阳，他便成了他们的思念。佩戴着家乡的茱萸囊，他好像听到故乡高山上传来的喃喃细语。

——兄弟，记得回家的路。

这一思念便是一生。王维似乎一生都不喜停留在喧闹处，最后选择的地方仍是孤独的——终南山麓，整日的伴侣便是松间的月、山里的泉。

风起了，他起身，踱步，作画，把每一幅画，都吟成一首诗。

小白诗趣

对号入座

下面的诗人与其后世的雅称，你能一一对应上吗？

王维　　李白　　杜甫　　李贺　　刘禹锡　　白居易

诗仙　　诗魔　　诗圣　　诗佛　　诗鬼　　诗豪

诗意书画

答案：王维—诗佛　李白—诗仙　杜甫—诗圣　李贺—诗鬼　刘禹锡—诗豪　白居易—诗魔

37. 为你剪去西窗烛

夜雨寄北

［唐］李商隐

君问归期未有期，巴山夜雨涨秋池。

何当共剪西窗烛，却话巴山夜雨时。

小诗浅译

你问我回家的日期，归期难以确定，

今晚巴山连夜暴雨，秋池早已满盈。

什么时候才能回家，一起秉烛夜谈，

相互倾诉今宵所感，以慰思念之情。

诗人逸事

忠贞不渝的爱情

李商隐一生只娶了一位妻子——王氏，王氏过世后李商隐没有另娶他人，而是终其一生都在怀念自己的妻子。

王氏出身侯门，却愿意放弃锦衣玉食的生活，与李商隐过着充满烟火气息的平淡日子。李商隐很爱自己的妻子，她的出现让李商隐感受到了家的温暖。可是，这对本想白头偕老的夫妻被命运捉弄，王氏年纪轻轻便离开了人世。而这时在外为官的李商隐正写着“何当共剪西窗烛，却话巴山夜雨时”的缠绵诗句，幻想着归家后与妻子秉烛夜谈的温馨场景，却万万没有料到妻子写给自己的询问归期的寻常信件竟成了绝笔信，他也没有想到自己这首饱含深情的诗歌，最终没能送到妻子手中。

此后，在李商隐的爱情诗中，总能找到他对妻子的爱与思念。

童言童语

我多喜欢蜡烛呀

生日的时候

蛋糕插上胖嘟嘟的小蜡烛

我吃着香甜的蛋糕

许下一年的心愿

小老鼠千万不要偷走我的蜡烛呀

古诗现场

为你剪去西窗烛

银白，殷红，在昏黄中燃烧着浪漫和热情，这一夜，我对你的思念，点点滴滴，尽在烛泪里。在等待的时刻，夜晚实在漫长，最温暖的陪伴便是你窗下的剪影。

长夜如斯，你便是那不熄的烛火，为我驱散了夜的黑，陪我直到天明，直到天荒地老。在烛光的忽明忽暗中，我好像看到了曾经的青春年少：夜夜燃烛，你守着我，我守着书，红袖添香自风流。也好像看到了曾经的情投意合：一盏烛火，半轮江月，你侬我侬。

"君问归期未有期"，未来不可知，终究要前行，为了明天，我们纵有万般不得已，也要披星戴月，一路奔波。

山长水远，我割舍不下的是你——心有千千结，全是为你系。

你在家乡，我在异乡。你在长安，我在巴蜀。

你问我何时归故乡，你问我可放你在心上。

怎能不思量，怎能不惆怅。

夜已渐深，你仿佛在我耳边呢喃："昼短苦夜长，何不秉烛游。"

庭院积深，秋雨不绝，不远处的池塘早已涨满。秋雨绵绵又密密，淅淅又沥沥，好似你的情话，在夜里声声入我梦。

今夜若你在身旁，我定把银烛高举，与你在夜色中挽手行走。

"身无彩凤双飞翼，心有灵犀一点通。"君心似我心，此刻，你定也夜不能寐，西窗下那盏灯烛，替你垂泪到天明，你是否记得剪去烛花？那烛心燃烧之时，亦是灯烛垂泪之时。它流泪的时候，你是否也在落泪？

人生最大的幸福，便是我懂你，你亦懂我。

得你，我幸也！他日归去，西窗下，烛花红，你为我酿桂花酒，我为你落笔成山，然后执子之手，轻剪烛花。

那时，滴落的不是泪滴，不是飞灰，而是你我相依偎的琴瑟和谐之音，一滴，一处，一声，恰似你的柔情万种。

珍重，此去经年，等我归来——为你剪去西窗烛！

小白诗趣

捉迷藏

根据已给的字词，你能将诗句中藏起来的部分填满吗？

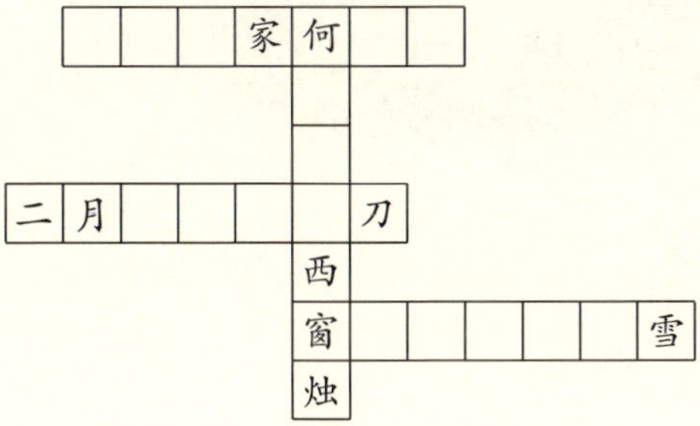

诗意书画

答案：但问酒家何处有　何当共剪西窗烛　二月春风似剪刀　窗含西岭千秋雪

38. 明月何时照我还

静 夜 思

［唐］李白

床前明月光，疑是地上霜。

举头望明月，低头思故乡。

小诗浅译

床前明亮的月光，

我怀疑是地上霜。

抬头望高悬的月，

低头想念着故乡。

诗人逸事

太白捞月归

唐朝大诗人李白一生爱月好酒。经历安史之乱的李白，晚年时彻底放弃了在仕途上建功立业的想法，转而重拾他年轻时候的“事业”——游历山水。

李白游历到安徽当涂时，一日饮酒夜出，寻访至采石矶一带，便在此饮酒赏月，酒到酣处，醺醺然有飘飘欲仙之感。李白望着月亮，想起他坎坷而传奇的一生，傲然自得便觉旁若无人。李白看着水中的月亮，便俯身去捉他写了一生也爱了一生的月亮。就这样，“诗仙”李白身着宫锦袍，离开自己暂住了六十一年的人间，回到了他的“天宫”。

童言童语

我搬来小板凳
坐在上面看月亮
圆圆的，亮亮的
看上去很好吃的样子
它会和月饼一样甜甜的吗
咦，怎么缺了一个角呢
是被玉兔吃掉了吗
那我也要尝一尝

古诗现场

明月何时照我还

此刻，我的孩子，请你注视这分外明亮却清冷的月亮——

你仔细地观望，是否可以望见？

一个男子峨冠博带，他正立于山巅，手执酒樽，举头望月，他凝视的方向，正是故乡。

故乡是回不去的地方，这是人生最大的伤。

选择了仗剑写诗，行走天涯，便注定要远离故土，从此，无根的漂泊里是无望的回首，一念一断肠。

幸好有月光为伴，“举杯邀明月，对影成三人”。

秋夜，霜露悄悄爬满小屋的窗棂。

明月的光正移着如水的影，悄然走近，刹那倾泻眼前。

月光照向他乡，哪怕道阻且长。月光下的孩子们要记住，天堑可以变通途，只要坚持，坚定地向前，越过一座山，就会发现月光正明亮。

仍旧是夜，怎的就无眠了？是不是夜的忧伤，正从井栏外慢慢升腾，却被晨曦的霜窥见？在光影里，仿佛白日的霜已看透夜的忧伤。

孩子，不要再迟疑，人生路上无惧风霜，学学李白，不折腰事权贵。当诱惑如荆棘般丛生时，请遥想当年，月光下那拉长的身影。孤独的李白，足以媲美一个朝代的光辉。

地上的光，便是对着黄河之水饮酒时的白月光。

岑夫子，丹丘生，我们一起追逐的梦，正从魏晋的夜空惊醒。携手吧，友人们，奏一曲高山流水，饮一壶葡萄美酒。

瞧！整个月亮都爬上来了，正在夜空中浅笑。

俯仰之间，世事沧桑。

而我就这样，开始飞翔，从此，眼中只见明月，只望故乡。

那天，采石矶之巅，水中明月邀我，我纵身一跃，天上月更加明亮。

今夜，月光朗照，诗人李白从不曾远去，他一直端坐在广寒宫里，是嫦娥的座上宾，赏月圆之夜，听众荷喧哗，叹一声：明月，故乡！

小白诗趣

诗句接龙

举头望明月→月__________天

→天__________君→君__________

诗意书画

答案：月落乌啼霜满天　天下谁人不识君　君问归期未有期

39. 赴一场秋霜之约

山　行

［唐］杜牧

远上寒山石径斜，白云生处有人家。

停车坐①爱枫林晚，霜叶红于二月花。

小诗浅译

山石小路蜿蜒曲折地伸向山巅，

白云生发之处隐约有几户人家。

因爱那枫林晚景才把马车停下，

霜染的枫叶红过二月鲜艳的花。

① 坐：因为。

诗人逸事

吴武陵力荐

礼部侍郎崔郾奉命到东都洛阳主持进士科考试，百官公卿到城门外摆酒为其饯行，很是热闹。酒宴中途，正任太学博士的吴武陵，也骑着一头老毛驴过来凑热闹。崔郾正在酒席上喝得高兴，听说吴武陵这位有名的清流人士也过来了，连忙离席去迎接。

吴武陵看见崔郾，把他拉到一边，拍着他的肩膀说：“你担负此任，乃是众望所归。我不能为朝廷排忧解难了，不如为你推荐一位贤士。前些日子，我偶然发现一些太学生情绪激昂地讨论一篇文章，走近一看，原来是这次参加考试的杜牧所写的《阿房宫赋》。这篇文章写得真好，这个人太有才了。崔侍郎你工作繁重，日理万机，恐怕没有闲暇去浏览这篇文章，不如让我为你诵读一下。”

说到这里，吴武陵就字正腔圆地诵读了起来。崔郾听后也称赞不已，拿过书卷爱不释手。吴武陵趁热打铁，请求崔郾将杜牧评为状元。崔郾面露难色，说状元已经有人选了。吴武陵穷追不舍，一直问到第四名，结果都有人选了。他问到第五名时，崔郾还在犹豫，吴武陵很不高兴地说：“如果还不行的话，就把这篇赋还给我，看有没有比这写得更好的赋。”崔郾只好答应了。

童言童语

我要为你做一驾飞车

载着你飞到白云上

我要为你裁一片云朵

托着你住在枫树上

我要为你集一捧枫叶

让你永远住在秋天金黄色的梦里

古诗现场

赴一场秋霜之约

秋天的第一滴露珠在这个早晨凝结成霜，将树梢染白。秋霜在你窗边轻轻呼喊，你从梦中惊醒，于是携诗书，执酒樽，驾着马车，朝山间走去。

你出门的时候，小童在旁边嗤嗤笑着："这深秋寒露，您去山间能寻到什么？"

你敲他额头："跟着我就知道喝酒了，腹内一点学问和情趣都没有。"

原来，你要去奔赴一场和秋霜的约会。

小童傻笑，一路小跑。

你是杜大人，更是杜牧之，性情潇洒，快意人生，小童怎不知？他只是不愿意见你一人寂寞，盼着那个在山间等候你的是伊人，是知己。

车子沿着石头小径，有些颠簸，你吟着诗，说着趣事。

山越来越高，却不陡峭。秋日登高是最美的胜景——可以想象登上山巅，一览群山小，该是何等愉悦！管他什么唐朝末世，管他什么英雄末路，不如登高舒啸，在红日里一扫阴霾！

你想坐拥一间草屋，沉醉于流岚、飞瀑、清泉、奇石……

但你也爱世间繁华，听秦淮歌，寻杏花村，沐浴在扬州的十里春风。过华清池，登乐游原，题乌江亭，每一处驻足地，都汇聚了你的喜与悲。

众人都说你洒脱俊逸，却不知道你内心深处也有萦绕不去的深沉。访山求水之途，你常会哀叹阿房宫“楚人一炬”、赤壁矶“折戟沉沙”！

心系万千世事，方能爱得万千美景。

累了，便下车远眺，你要在枫树林间徜徉一番。昨夜露水深重，今晨竟有霜花凝结在树叶上，一阵阵风吹过，偶有树叶飘零，可见叶上霜花晶莹剔透。

火红的枫叶在深秋里是妩媚的，它们红过二月的春花，飘飘落落间，掩去了枯黄草木的忧伤。

所有的水都回到深壑，所有的木叶都归于深山，时光和万物都在这样的霜降时分冉冉而回，回到最初的美好。

这便是你，最美的秋霜，你邀我，我赴约，你我山间共沉醉。

小百诗趣

诗歌小达人

“二”与“两”是一对好伙伴，你分得清吗？

草长莺飞____月天。　　____岸青山相对出。

竹外桃花三____枝。　　霜叶红于____月花。

诗意书画

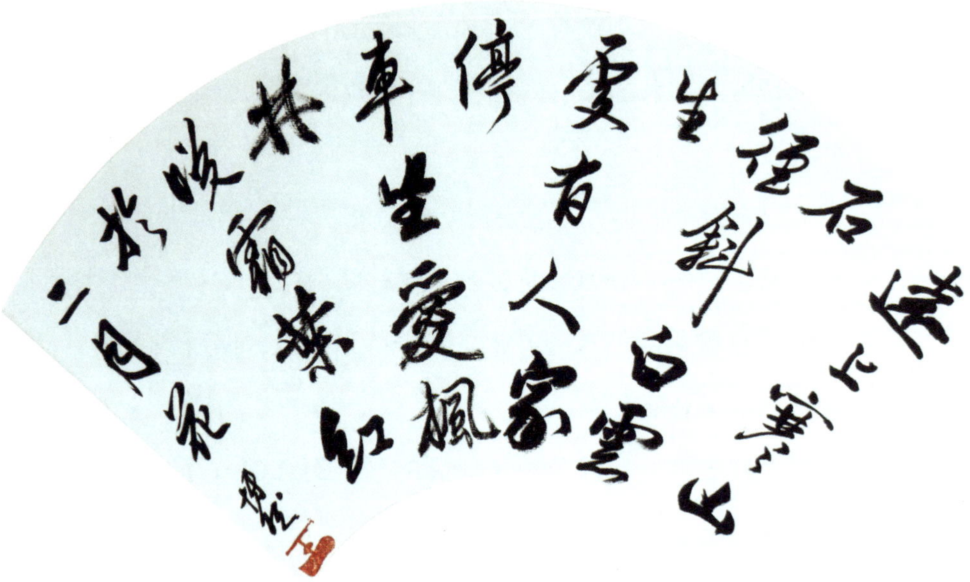

答案：二　两　两　二

冬卷

40. 遇见最美的立冬

赠刘景文

［宋］苏轼①

荷尽已无擎②雨盖，菊残犹有傲霜枝。

一年好景君须记，最是橙黄橘绿时。

小诗浅译

荷花和擎雨的荷叶一起枯萎，

只有那傲寒斗霜的残菊花枝。

一年中最好的光景你要记住，

便是橙子黄橘子绿的初冬时。

① 苏轼：字子瞻，号东坡居士、铁冠道人，世称“苏东坡”，北宋著名文学家、书法家。为“唐宋八大家”之一。

② 擎（qíng）：举，向上托。

诗人逸事

“东坡肉”的故事

苏轼是个很有趣的人，对烹调菜肴很有研究。说起苏轼最拿手的菜，恐怕所有人都知道是“东坡肉”吧！

“东坡肉”起先是苏东坡在黄州制作的，此菜当时并无名称。人们将它命名为“东坡肉”，是在苏轼做杭州太守的时候。当时杭州西湖已被葑草湮没了大半，苏东坡上任后组织民工铲除葑草，疏通湖泊，筑堤建桥，使西湖重新恢复了之前的容貌，并在西湖增加了景点。

杭州城里的老百姓都很感激他，听说他平时最喜欢吃红烧肉，于是不少人不约而同地上门送猪肉。苏东坡收到猪肉后，便让家人将肉切成方块状，加调味料和酒，用他独创的烹调方法煨制成红烧肉，然后分送给参加疏浚西湖的民工。大家吃后，纷纷称赞此肉酥香味美，肥而不腻，于是便将此菜肴命名为“东坡肉”。

童言童语

老师问我们最喜欢什么季节

小明说他喜欢春天

因为春天小草发芽，鲜花盛开

莉莉说她喜欢夏天

因为夏天能和荷花一起穿小裙子

同桌说她喜欢秋天

因为秋天有好多好吃的瓜果

我赶忙举起小手

怎么没有人喜欢我最爱的冬天呢

一切的一切都是从这里开始的呀

古诗现场

遇见最美的立冬

这已是东坡居士第二次来到杭州了，当时的繁华正缠绕着六桥的烟柳，在一湖碧水上轻舞。他看着自己精心整治过的西湖，在微风里，穿过千家万户，流淌在白堤下，也流淌在后来的苏堤下。

远处的人们划着船，醉听清吟胜管弦；近处归家的人，一樽清酒始行杯。

友人两两相望时，把烟霞和落日一起描绘，也邀清风和明月相对，待到次日晨光熹微，正是冬天的第一抹朝阳。这个让你漫步在美丽冬景画卷里的诗人，早已举起那支如椽大笔，只一点染，整座城池便沉醉在初冬暖阳里——

那朝阳的光，一泻千里，倾尽所有的热情，在不远处的荷塘微笑。荷花散尽夏日里的浪漫，在初冬等你。

那秋天里傲然独放的菊花呢？白露凝结的寒霜，在冬天的第一个早晨，爬到了菊花的枝头，可菊花现在就算逢着初冬，也不失傲骨。傲菊触摸到拂晓的寒凉，花蕊丝丝缕缕，牵绊着行人的愁肠。

走在身旁的刘景文，年近花甲，仍是少年壮志的模样，令时人叹服："诗文亦璀璨，结交苏与黄。""一年好景君须记"，既是你对刘景文的赞许，也是对自己的勉励，冬天又何妨，你没见到那橙黄橘绿的盛况吗？

绿叶素荣，青黄杂糅，独立在屈原的《橘颂》里，秉德无私，参天地兮。高洁如橘，行比伯夷，这一刻，你说的是景文呢，还是自己？也许，这是一份俗世的愿望吧。你看，那随手可摘的累累硕果，是农家的丰收和喜悦，也当是彼此人生的大好时光。

因为这一天最美好的遇见，冬从此刻立。

迎着冬月的第一天，人们把酒敬天，祈求来岁丰年，风调雨顺！

亲爱的朋友，不妨在孟冬之初，就着美酒大口吃肉，吃的当是东坡肉，饮的必是桂花酿，一入口便浑身暖。翌日，窗外立冬的日光，照着昨日妆容，镜中人，鬓微霜，又何妨！

苏子说遇见最美的立冬，你便是天地间一过客，坐拥晴好冬日，静待花开满园！

小百诗趣

猜谜语

待到秋来九月八，我花开后百花杀。

冲天香阵透长安，满城尽带黄金甲。

（打一花名）

诗意书画

答案：菊

41. 踏马边关朝天笑

塞下曲

［唐］卢纶[1]

月黑雁飞高，单于夜遁逃[2]。

欲将轻骑逐，大雪满弓刀。

小诗浅译

乌云遮月雁群受惊飞高，

单于趁黑夜悄悄地窜逃。

正要带领轻骑兵去追赶，

大雪纷飞落满身上弓刀。

① 卢纶：字允言，为“大历十才子”之一。

② 遁（dùn）逃：逃走，躲避。

诗人逸事

八面玲珑

八面玲珑，原指窗户明亮轩敞，后用来形容人处世圆滑，待人接物面面俱到。这一成语出自唐朝诗人卢纶的《赋得彭祖楼送杨德宗归徐州幕》诗：“四户八窗明，玲珑逼上清。”

其实，卢纶就是“八面玲珑”型人物的杰出代表。卢纶在大历初年的时候，几次参加科举都没有考中。但是，或许人生遭遇挫折越多就越能在逆境中成长。卢纶虽然仕途不顺，但在诗坛名声渐盛，他的诗在当时流传很广，他交友的阶层也越来越高，当时的常衮、李勉、齐映、陆贽、贾耽等人都和他交往密切，而且这些人都陆续担任过宰相一职。值得一提的是，卢纶更是受到了名相元载与王缙的赏识和推荐，并由此步入仕途。可以说卢纶是真正八面玲珑的“丞相之友”。

童言童语

边关的战士们

笔直地站着

像一把把入鞘的刀

他们一个挨着一个

拉起一道防护网

我们会有幸福的生活

都是因为有他们啊

古诗现场

踏马边关朝天笑

这一天，大漠黄沙卷起，你驾起在集市新买的紫骝，从军行，一挥手，金鞭扬，马飞腾，白玉鞍迎你在马上。

你的身后是一匹匹骏马，一个个神采奕奕的将士，披铠甲，挽弓箭，你们一起踏马走边关。

这是从长安朝向河中的路上，关山月升起，照着你们前方的路。这一次你是元帅府判官，虽不是指挥官，但你仍挥舞着武器，喊出豪言壮语——好男儿志四方，守边关保家国。

不要做游侠，也不要做豪客，要做就做一个踏马边关朝天笑的勇士，擒敌首，斩敌将，挥战旗。每一次风起马奔处，都有着后世孩子们的惊叹和欢呼！这就是你的梦想，一个盛唐男儿的梦想。

孩子们小声问你：怕吗？乱箭无眼，黄沙遍布，雪大山塌呀……

你笑了，你当然知道战场上“纷纷几万人，去者无全生”。可是若人人都害怕死亡，那谁去舍生取义？你不想扬名立万，你只想披上战衣，做令人称叹的须眉男子，在沙场点兵血战。

你更盼望有一个如龙城飞将李广般的人物出现，当他在阵前摇旗一呼时，你们冲天的斗志全都化作强大的战斗力，在青海头，在玉门关，在雪山上，形成旌旗蔽日的盛况，“黄沙百战穿金甲，不破楼兰终不还”。

就像那天，月已黑，雁惊飞，敌人在你们的一路斩杀中仓皇逃遁。你看到将军正要率着轻装骑兵追逐，一场纷纷扬扬的大雪下了起来，虽然站立不过片刻，刹那间弓刀上便落满了雪花。武器的寒光被遮去了，却遮不去你们必胜的信心。

你几乎可以看到敌人奔跑时的慌乱，你笑了，大唐威严就该如此！

将军逆着大雪踏马回到军营，肩头的雪吟啸成诗，诗行里都是：踏马边关朝天笑！

小白诗趣

诗歌小达人

“但使龙城飞将在，不教胡马度阴山”中的“龙城飞将”指的是（　）

A. 汉朝名将霍去病　　B. 汉朝名将李广

C. 汉朝名将卫青　　D. 秦朝名将蒙恬

诗意书画

答案：B

42. 片片暗香为你开

梅　花

［宋］王安石①

墙角数枝梅，凌寒独自开。

遥知不是雪，为有暗香来。

小诗浅译

墙角之处几枝洁白梅花，

冒着严寒独自傲然盛开。

远远地便知道那不是雪，

因为有一阵阵清香飘来。

① 王安石：字介甫，号半山，北宋著名思想家、政治家、文学家、改革家。为“唐宋八大家”之一。

诗人逸事

一笑泯恩仇

北宋元丰七年（1084），王安石已罢相归隐南京八年；此时的苏轼，在经历“乌台诗案”被贬谪黄州四年后，奉诏赴汝州上任，路经南京。

王安石当时大病初愈，听说苏轼从此地路过，便身着布衣、骑着毛驴去见苏轼。苏轼顾不上戴帽子，便去迎接他，对着王安石作揖道：“我今天穿着村野衣服来见大丞相！”王安石笑着说：“礼法难道是为我们这些人而设的吗？”

一个是前途未卜的流放官员，一个是赋闲在家、身心交瘁的前宰相，虽然曾经政见不和，但此时远离政治的两人一笑泯恩仇，在南京相伴游山玩水、谈诗论佛，后期既有诗歌唱和，也有书信往来。两位文学巨人的“一笑泯恩仇”也成了千古佳话。

童言童语

为什么梅花开在冬天呢

她是走丢了吗

还是看到雪花

以为自己找到了伙伴

我拾起一瓣梅花

把她夹进书页里

想带她去看看春天

古诗现场

片片暗香为你开

你是千年前的“拗相公”，是那个居于北宋庙堂之高的丞相大人，也是那个孤独地立于变法河流暗礁的王介甫，你耿直、固执，你就是冬日里的梅花，站在墙隅，站在寒冷里，站在风口浪尖！

过于强大而完美的人，总是高处不胜寒的。

人生暮年，你一个人走在江宁，走在水边，仍然不改初衷，坚持本心。

你想起初次被神宗起用任为江宁知府的光景，彼时你登临送目，站在晚秋里看千里澄江似练，看六朝旧事如水，那时的你已经比别人多了份高瞻远瞩和真知灼见。

你又想起第二次从江宁赴京的途中，你闻到风中吹来的改革的气息，可换来的是神宗不再信任的眼神，春风又绿江南岸，明月何时照我还？何时，竟是遥遥无期。

最后，你第三次回到江宁，回到了钟山之麓的半山园，充耳不闻世事，终日看山不厌山。

春日里，你“细数落花因坐久，缓寻芳草得归迟”。冬天里，你便嗅着芳香觅得墙角的梅花。

清瘦的枝条上零星地点缀着几朵梅花，是冬日的宠儿。

你欣喜道：“墙角数枝梅，凌寒独自开。”“独自开”，你自言自语，这“独自”只怕天下唯你能懂。

自此，所有的遇见便是等待一场风花雪月。

梅在枝头，你喜欢这样的淡然，不争不求，任百花凋零，独自傲雪开，世人道飞雪迎春，只有你笃定：墙角的梅花，在寒风凛冽里，迎着君子而开。

从夜晚到清晨，仿佛一夜间，枝头的梅花绽放开来，洁白如雪，不染纤尘，在这个冬季，片片暗香只为你——君子而开。

“遥知不是雪，为有暗香来。”

花瓣离开花朵的一瞬，请记住那些为你绽放的暗香！

小白诗趣

君子馆

藏在诗句中的“花中四君子”，你找对了吗？

____喧归浣女，莲动下渔舟。

____叶春葳蕤，桂华秋皎洁。

____雪争春未肯降，骚人阁笔费评章。

不是花中偏爱____，此花开尽更无花。

诗意书画

答案：竹 兰 梅 菊

43. 你是一朵宁静雪

小 雪

［唐］戴叔伦[1]

花雪随风不厌看，更多还肯失林峦[2]。

愁人正在书窗下，一片飞来一片寒。

小诗浅译

花和雪随风飞舞怎么都看不厌，

但更多的雪花是落在林间山峦。

离人正忧愁不禁对着书窗感伤，

雪一片一片飞来让人身心皆寒。

① 戴叔伦：字幼公。他的诗多表现隐逸生活和闲适情调。

② 林峦（luán）：树林与峰峦，泛指山林。

诗人逸事

捍卫国家利益的榜样

戴叔伦曾经在湖南做官，有一次，他押运钱粮路经四川云安时，深夜遭遇叛将杨子琳军队的劫持。叛军对他喊道：“把钱交出来，就饶你不死。”戴叔伦处变不惊，大义凛然，义正词严地说：“你杀我可以，但这钱粮是国家的，你一分一毫都别想得到！”叛军被他的话震慑了，一时不知如何是好。戴叔伦趁势感化他们，结果不但国家财物没有损失，反而说服了杨子琳“乞盟于公，归降朝廷”。

戴叔伦捍卫国家利益的事迹，很快传到唐德宗那里，德宗大悦。因为这时朝廷内忧外患，藩镇割据，地方势力扩张，乱军四起，德宗便利用戴叔伦这一先进典型作为榜样，在军政中大树正气，自己也励精图治，为“元和中兴”打下了坚实的基础。

童言童语

我想做一朵雪花

挂在悬着铃铛的屋檐下

飘在美人手中的红色油纸伞上

落在结满冰晶的湖面上

当我玩累了

就消失在来年开出桃花的枝头上

然后飞到你的窗边

古诗现场

你是一朵宁静雪

白店白鸡啼白昼；

黄村黄犬吠黄昏。

那一天，日头偏西时，小戴叔伦走到黄村，荒草间突然蹿出一条大黄狗，一路叫个不停，他想起老师出的上联，灵机一动，便有了这趣味盎然的下联。

黄狗一定不知道，他的叫声竟引出一个妙不可言的故事。

几乎所有动人的故事，都有着难以名状的开始。

如袭人的寒气，是遥远的雪——踏着轻盈的舞步，她在某个角落等着和我们相遇呢！

那轻，那娉婷，那柔柔的，那波光粼粼，那漾起无数波澜的，那醉在你脸上的红梅——原来是一朵宁静的雪，正等着你呀！

你说我属于宁静，我没有告诉你的是，我的心里住着一个奔放的精灵，她拥抱热情，她亲吻浪漫，她只是不小心穿了一件洁白的裙裾，在风中飘舞，成为你呵护的雪姑娘！

这样正好，你笑，我便看着你笑，笑得雪花儿开了一朵又一朵，笑得远方的诗人推开了窗。

那一年的诗人，在思念着谁呢？一定是如你般纯美的姑娘！

你盼着日光，盼着朝霞映红她的脸，于是你静静地敞开了窗，敞开了怀，你要拥抱那一朵一朵的美丽，她们就是你最爱的诗篇，如蓝田日暖，也如良玉生烟。

只一沉吟，所有的心事全在你推窗的一瞬消散——“山南山北雪晴，千里万里月明。”

落笔又想起，天已寒，年将尽，“一年将尽夜，万里未归人”。

终了，你在追求仕途后发现，你仍然属于这个喜隐居的戴家，你念起祖父、父亲，踏着他们的足迹，你猜想，当年那天是否也有一朵宁静的小雪花，静静飞落在栏杆外、小窗前。

一片，一片，昨夜的寒。一朵，一朵，今宵的我。

你携一朵宁静的小雪花，轻声吟《群芳谱》里的诗句：“小雪气寒而将雪矣，地寒未甚而雪未大也。”

将雪未雪，是冬日里最长的等待。今夜，我在等你，你是一朵宁静的雪。

小白诗趣

飞花令

你能想到多少含“雪”字的诗句？

诗意书画

答案：山回路转不见君，雪上空留马行处。（岑参《白雪歌送武判官归京》） 窗含西岭千秋雪，门泊东吴万里船。（杜甫《绝句》） 孤舟蓑笠翁，独钓寒江雪。（柳宗元《江雪》）

44. 天下谁人不识君

别董大

［唐］高适[1]

千里黄云白日曛[2]，北风吹雁雪纷纷。

莫愁前路无知己，天下谁人不识君？

小诗浅译

绵延千里的蔽天黄云导致太阳黯淡无光，

呼啸的北风吹走飞雁又带来纷扬的雪花。

不要担心前方的道路上没有贴心的朋友，

世上有谁不知道你的琴艺和你的人品啊！

① 高适：字达夫，唐代著名的边塞诗人。与岑参、王昌龄、王之涣并称“边塞四诗人”。

② 白日曛（xūn）：指太阳黯淡无光。曛，昏暗。

诗人逸事

临危受命见真章

安史之乱期间，一部分唐廷官员或逃跑，或投降叛军。高适却适时看清了形势，连夜追寻唐玄宗，向玄宗汇报战时情况。此时的唐玄宗看到高适不顾性命心系大唐安危，内心十分感动，便封他为侍御史，不久之后又将他提拔为谏议大夫。

面对安史叛军的猛烈进攻，失去大将军的唐玄宗采纳了宰相提出的分镇以治割据策略，高适得知之后极力反对，他认为这样会使地方拥兵自立，导致地方割据加剧。但唐玄宗并没有采纳他的意见。后来的情形果然如高适所料。

肃宗继位后听说了此事，便召来高适商议对策。高适因此得到肃宗信任，此后频频为肃宗献策，并参与睢阳之战等数场大型战役。公元 765 年，高适登上了仕途的顶峰，并于同年带着一身荣耀与世长辞。

童言童语

你是诗的孩子

你是琴的灵魂

你是酒的影子

你是云的知己

你是河水和山川的同类

远行的路上怎么会没有朋友呢

天下的人儿全都认识你

古诗现场

天下谁人不识君

那一年，宰相府内，我们相遇，你是琴师，我是诗人，绝句落进管弦，字字都是繁华，都是欣喜。酒过三巡，酣畅淋漓，宾主两相欢，你拨弄的音律流淌在觥筹交错间，我的诗泼洒在你的琴音里。你懂我，亦如我懂你。

众人都羡慕你，因为你是房宰相欣赏的董庭兰，名噪京城。但灾难随之而来，琴声在府内，妒忌声和挤兑声已在府外。房相入朝自诉，却终究被贬官，而你就在这样的满城风雨中落寞而走。

数年后，我们再相遇，你依旧是琴师，我依旧是诗人，只是琴弦声声，都是难言的落魄。我望着你，你弹着琴，抹挑反复间，早已淡忘前尘往事。窗外街头，日头渐渐西斜，依稀能照见我们曾经的欢愉，那些盛世里的遇见。

和李白、杜甫在河南梁园的相会，当是我人生最悠闲的时光，我们诗酒唱和，“醉眠秋共被，携手同日行”。和王之涣、王昌龄的“旗亭画壁”也是有趣味的相会，长安的街头，传出欢声笑语的酒楼，几个美貌的女子，争相唱着我们的诗句。

若干年之后，虽然你我人生遭遇变故，好友遇难、入狱、投敌……但曾经的遇见都是最美的风景，一一落成琴音里激越而动听的音符。

你看向远处，黄沙千里，遮天蔽日，整个世界云迷雾锁，多像不可预知的明天，你在哪里，未来在哪里，徒有一方古琴。

北风开始呼啸起来，大雪纷飞，群雁南归，在我们的上空，盘旋着、鸣叫着，与你的琴声相应和。你的行囊什么都不需要，只需一把琴，你就可以拥有全世界了。抚琴吧，高山巍峨，流水潺潺……

我知道，无论你在哪里，人们都会迎着琴声，倾听，喝彩，欢呼。

当你转身的时候，黄沙起，落日昏，而酒楼里妙龄的女子，正扬声高唱：“莫愁前路无知己，天下谁人不识君？”

小白诗趣

诗歌小达人

下面的“古诗句之最”，你都知道吗？

最多朋友的人：________________

最快的船：________________

最高的楼：________________

最大的门窗：________________

诗意书画

答案：莫愁前路无知己，天下谁人不识君。（高适《别董大》） 两岸猿声啼不住，轻舟已过万重山。（李白《早发白帝城》） 危楼高百尺，手可摘星辰。（李白《夜宿山寺》） 窗含西岭千秋雪，门泊东吴万里船。（杜甫《绝句》）

45. 觅得人间十分香

雪　梅

［宋］卢钺①

梅雪争春未肯降②，骚人③阁笔④费评章⑤。

梅须逊雪三分白，雪却输梅一段香。

小诗浅译

梅和雪都认为自己占尽春光，

诗人难以评议只得搁笔思量。

梅花应当逊于雪花三分洁白，

雪花却输给了梅花一段清香。

① 卢钺（yuè）：别名卢梅坡，南宋诗人。

② 降（xiáng）：服输。

③ 骚人：指诗人。

④ 阁笔：放下笔。阁，同“搁”。

⑤ 评章：评议的文章。这里指评议梅与雪的高下。

诗人逸事

卢家君子真爱梅

卢钺的生平在史籍中少有记载，因此具体生卒年、生平事迹不详。别名卢梅坡得以流传下来则是因为他的好友刘过写的一首《柳梢青·送卢梅坡》词，这样一首赠词使得卢梅坡这个名字流传了下来，从词中也足见卢钺对梅花的喜爱。

而卢梅坡一生所作诗篇遗世的不多，其中两首为后人所熟知，即两首《雪梅》诗，都是咏赞梅花的作品。由此可见，这位诗人应当是个真正爱梅花、懂梅花的君子。

童言童语

早晨起来
树枝上吵闹闹的
小鸟告诉我
是雪花和梅花正在吵架
雪花说我比你更白
梅花说我比你更香
大家都来听
小朋友说

雪花和梅花呀

你们都是冬天的孩子

我们都爱你们

古诗现场

觅得人间十分香

你喜欢站在树下，站在雪里，摇曳的枝头迎着艳阳的光，在你的眉梢间洒下片片银白，而你，脸若梅蕊，只笑不语。

好像四季更迭只是为了等待这一瞬——阳光正好，雪花正飘，梅朵正妖娆。你摇曳着枝丫，有雪落下，你欢笑起来，一棵树的朵朵繁花也不及你的十分之一。

你抬起头，看见摇下的雪落入你的诗句中，人间所有的诗行一起羞涩起来。你轻轻叹道："梅雪争春未肯降，骚人阁笔费评章。"搁笔是为了更好地提笔，恍然间你记不起自己写了多少绝句，又扔了多少佳句，终于一曲梅花香，让你轻轻颔首，你想留一些诗句，给树间梅、梅上雪一点念想吧。

你一生爱梅，居处有梅，名内有梅，心里有梅。如果有梅花仙子，她一定住在你的屋前窗下。你不贪心，仙子来了，你便央求天公，让她在洁白的天空拥着雪花飘舞。

"梅须逊雪三分白，雪却输梅一段香。"这梅和雪的斗艳，恰好如你的意，雪飞舞，梅散香，你煎的茶，正芬芳。

园里梅花开了，邀君共赏。素笺几笔，梅花五瓣。不如了却俗事，邀一友人，作诗、对诗、斗诗，岂不快哉。

友人仍未来，你急了，又落下几笔：园里下雪了，等君来。

“日暮诗成天又雪，与梅并作十分春。”冬日里雪是梅的良配，管它什么三分白还是一段香，彼此成就，共生共赢，才是最美好的光景。

你起身望向路的尽头，一片白，照得见那最光鲜的年华。

你要守在路口，你才写好的绝句正好作彼此的下酒菜：

五瓣梅，六角雪，一首诗，方可觅得人间十分春。

小白诗趣

飞花令

看谁知道的含“梅”的诗句多。

来日____前，寒梅着花未？（王维《杂诗》）

墙角数枝梅，____独自开。（王安石《梅花》）

不经一番寒彻骨，怎得梅花____香。（黄蘗禅师《上堂开示颂》）

一树寒梅______，迥临林村傍溪桥。（张谓《早梅》）

诗意书画

答案：绮窗 凌寒 扑鼻 白玉条

46. 年年与你共此夜

寒　夜

［宋］杜耒①

寒夜客来茶当酒，竹炉汤沸火初红。

寻常一样窗前月，才有梅花便不同。

小诗浅译

冬夜有客来访，一杯热茶且当美酒，

围坐炉前，炭火刚红水便开始沸腾。

月光照在窗前，与平时没什么两样，

只因窗前的几枝梅花，便显得不同。

① 杜耒（lěi）：字子野，号小山，南宋诗人。

诗人逸事

雪夜饮茶真名士

古人招待朋友时总爱饮酒，但杜耒十分爱茶，所以他总是用茶招待客人，而客人也不因此恼火。

杜耒有一首流传千古的诗——《寒夜》，诗中就写道：“寒夜客来茶当酒，竹炉汤沸火初红。”由此可以想见，这位客人与杜耒必然是至交好友，才愿意在寒风朔雪的夜晚前来拜访，也明白杜耒的爱茶之心，便不觉得怠慢，反而乐得雪夜饮茶。两人都极其认可这件风雅韵事，并且一有空闲就一起欣赏窗前的梅花与天边的明月。

童言童语

冬天里

喊上小朋友来我家里玩

我们可以一起剪窗花

一起在院子里堆小雪人

一起吃刚刚烤出来的地瓜

和冰凉凉甜滋滋的砂糖橘

冬天多冷啊

冬天又是多么甜呀

古诗现场

年年与你共此夜

天大寒，夜已深。

和白天相比，你更爱夜晚，你最爱“窗间闲写夜来诗”，酿一场雪煮青梅，燃一盏灯待天明。你尤其爱冬夜，冬夜里寒风和积雪将天地间变得空旷，窗外的世界仿佛都静止了下来。

这样的时节适合邀最贴心的知己共度。这知己一定和你一样，认为仕途官场和世事浮沉都是昨夜的风，待寒雾散去，只一间茅舍，一张素琴，一盏香茗，一肩风月，便已足够。

突然，门外传来轻叩柴扉的声音，寒夜里你有如此雅兴，我一定要敞开门扉，也敞开心扉。打开门，你看到友人眼里的光，刹那温暖了这个寒夜，你迎他和寒气一起入屋，轻轻一笑：“能饮一杯无？”

你转身唤童子煮上一壶好茶，嘱咐他冬日里的茶一定要温得正好，温度适宜才能暖心暖肺，你要与友人慢慢细品这温暖。

竹炉里的火苗明明暗暗，茶壶里的水起起伏伏，屋子里慢慢暖和起来了。

你们遥想历史烟云，感慨年华老去，闲话诗意人生，一切话语在火光中散开，温暖了整个冬季。

平日里，只你一个人，明月便是你的朋友。

今夜的月同寻常一样，倾听你吟诗，倾听你欢笑，但又是那么不一样！窗外，月色清明如水，似乎听到你与友人的低语，走过山头、林间、田垄、小路，轻叩你的窗棂。

你不经意地抬头，发现月下多了一些什么，是一剪寒梅，是一抹红色，正悄悄伸向窗内，它悄悄地开放，小心翼翼地守护着你和友人的快乐。

你和友人惊喜万分，这冬日里的小幸福呀，不就是这样吗？围炉夜话，明月满山，寒梅一枝，知己一人。

从此，只愿所有的冬夜，都有此夜的美好。

如果你愿意，自此以往，年年与你共此夜。

小白诗趣

诗歌小达人

请你来辨一辨“日”与“夜”。

____出江花红胜火。　　____来风雨声。

随风潜入____。　　千里江陵一____还。

诗意书画

答案：日　夜　夜　日

47. 你在等待一场雪

江　雪

［唐］柳宗元[①]

千山鸟飞绝，万径人踪灭。

孤舟蓑笠[②]翁，独钓寒江雪。

小诗浅译

所有的山上飞鸟全部绝迹，

所有道路都不见人的行踪。

江面的孤舟上有一位老翁，

披蓑戴笠独自垂钓于雪中。

① 柳宗元：字子厚，世称“柳河东”“河东先生”。为“唐宋八大家”之一。

② 蓑笠（suō lì）：蓑衣和斗笠。

诗人逸事

患难见真情

柳宗元和刘禹锡一起参加“永贞革新”，失败以后，都被贬官。柳宗元被贬到永州，永州是一个贫穷荒芜的地方，他在那里生活了一段时间以后，心里很是苦闷，就给刘禹锡写信倾诉自己现在的生活并不舒心。从那之后刘禹锡就经常写信鼓励柳宗元，帮助他重拾对生活的信心。

后来，刘禹锡被贬到播州去任职，而柳宗元被调回了柳州。柳宗元知道播州是一个非常穷苦的地方，于是他上书皇帝，表示自己愿意代替刘禹锡去播州任职，请求让刘禹锡去柳州任职。因为刘禹锡家里有一位老母亲需要他在身边照顾着，而播州离柳州太远，怕他们母子一分开就再也见不到了。柳宗元这种舍命帮朋友的举动感动了好多大臣，大臣都纷纷上书援助柳宗元。虽然皇上最终没有答应柳宗元的请求，但对刘禹锡从轻处理，让他去了连州任职。

童言童语

小时候，我看见

诗里有一位孤独的钓鱼翁

孤独的小舟，孤独的江雪
没有飞鸟，没有行人
啊，没有同伴，多么孤单

长大后，我看见
诗里有一片洁白的雪
白头的老翁，白茫茫的湖面
还有寒江，还有冬雪
原来，没有同伴，并不孤单

古诗现场

你在等待一场雪

柳子举目四眺，雪纷纷落下，似乎这一年的冬天特别寒冷。很多时候，他并不喜欢雪景，那静静的白色有种凄苦的味道，他不愿意多看。

在被贬之前，他从来没有这么近地观望过雪。多年过去，那依偎着母亲时的童真，已经离他远去了，但对于梦想，对于革新，他依然如童年时那般执着。

鸟蜷缩起羽毛，将自己躲藏在温暖的巢穴。他呢？温暖一直是他无望的期盼。

世上的人，踏遍各个角落后，最终回到了温暖的家中。而他呢？家，从他踏入官场，便是回不去的故乡。

是他吗？那个披蓑戴笠的老者，撑起小船，划开了脚下的河水，划破了停泊的宁静。

踏进永州的时候，他便听见自己的心在哭泣，不是没有挣扎过，只是最终归于无奈。他走进马车，虽不能骄傲地告别，但也要藏起内心的失望。

孤舟上的老者，怕正是他自己吧。

他走近那孤独的老者，作揖微笑。在这寒冷的季节，我们是否可以相互取暖？

那年，楚国的风也是如此寒冷，屈子是否和我一样，期待着一个温暖的回望？屈子偶遇一个渔父，在被劝说后，仍不改他的坚持：“举世皆浊我独清。”

孤独的老者，你是否是那渔父的后代，在此激励着我，提醒着我？我不由得释然起来，官场人生，总会起起伏伏、坎坎坷坷。莫哀怨，至少盛唐曾经绽放在心间，一如莲花。

这一次失败，内心有着难言之痛，但已有屈子在前，我不孤单，何况还有那渔父，在邈远的江上，拥一颗智者之心等我振作。

那么，就此选择吧！一选便是十年，永州漫长的十年，可以失去一切，但信念还在，便不是失败。

雪化了，仍会思念那孤独的钓者，他在悠远的时间长河里，闲钓江上，等待着，等那踽踽独行的人，然后相视而笑。

小白诗趣

四季园

你知道下面诗句描写的是什么季节的景色吗?

碧玉妆成一树高，万条垂下绿丝绦。（　　）

千片万片无数片，飞入梅花都不见。（　　）

停车坐爱枫林晚，霜叶红于二月花。（　　）

黄梅时节家家雨，青草池塘处处蛙。（　　）

诗意书画

答案：春 冬 秋 夏

48. 快乐从来最简单

稚子弄冰

［宋］杨万里

稚子[1]金盆脱晓冰，彩丝穿取当银钲[2]。

敲成玉磬[3]穿林响，忽作玻璃[4]碎地声。

小诗浅译

儿童早起取冻在铜盆里的冰，

用五彩的丝线穿上当作银钲。

敲出的声音如玉磬穿越树林，

忽然冰锣碎地发出了碎玉声。

① 稚子：小孩，幼儿。

② 钲（zhēng）：指古代的一种像锣的乐器。

③ 磬（qìng）：古代打击乐器，形状像曲尺，用玉、石制成，可以悬挂在墙上。

④ 玻璃：此处指古时候的一种天然玉石，也叫水玉，并不是现在的玻璃。

诗人逸事

自嘲凤凰辞官去

宋朝大诗人杨万里因与朝廷要员意见不和，便辞官归家。而宋朝一向优待文官，所以杨万里辞官回家后仍然领着朝廷俸禄，与在朝为官时并没有什么两样。于是杨万里便向自己“开火”，写下绝句诗《有叹》：“饱喜饥嗔笑杀侬，凤凰未可笑狙公。尽逃暮四朝三外，犹在桐花竹实中。”杨万里以凤凰自况，进行自嘲：你以为你弃官离职就“清高”了吗？就是“凤凰”了吗？你以为你这样就不再像猴子那样受养猴人“朝三暮四”的摆布了？可是你这“凤凰”不还是在吃人家的“桐花”和“竹实”吗？你这“凤凰”究竟比猴子清高多少呢？

结果可想而知，朝廷把他的俸禄也停了，杨万里真正、彻底地“挂冠”为民了。

童言童语

我刚刚从温暖的被窝里醒来

就看见屋檐下的冰溜

赶快穿上衣服

叫爸爸帮我取下来

冰溜握在手里

我就有了魔法棒

要把所有的愿望都实现

古诗现场

快乐从来最简单

清晨，你被孩子的笑闹声吵醒。

你走出门，看见庭院里孩子正在敲击着用彩线穿好的冰块，冰块是昨天夜里冻在盆中的水形成的。在水的中间放一根五彩线，孩子守在旁边，看着水在寒冷中慢慢凝固，渐渐结块，但最终撑不住眼皮打架被父母抱上了床。

第二天，孩子一觉醒来，便冲到庭院。太棒了，管他什么寒冷，管他什么冻手，拿起来就玩。敲击这小小的五彩线穿起的冰块，发出的声音多像敲击银锣发出的“铛铛”“铛铛”的声音，好像可以穿越一座山林，响彻云霄。孩子们唱一曲儿歌，忘了寒冷，只有快乐。

你感受着孩子的欢快，他们笑，你也笑，突然，冰锣破碎落地，发出水玉摔碎般的声音。

呀，你看着孩子懊恼地捡起，但很快他们又笑了。是的，快乐从来最简单，只要曾经拥有。

这时候的你也单纯得像个孩子，你一生不慕荣华，不求富贵，爱的就是这份简单的快乐——

“草满花堤水满溪”的春天里，有一个放牛小孩在柳树下睡着了，牛越走越远，你猜想孩子醒来时的憨态可掬，是那么快乐。

“芭蕉分绿与窗纱”的初夏，你在午睡后闲看儿童捉柳花，任柳絮飞扬起孩子的快乐。

你喜欢这样的孩子，他们的世界就是一个童话世界，树头的花，树下的影，几个孩子跑着去追黄蝴蝶，停在菜花里的几只黄蝴蝶和你一样，看着孩子偷乐。

有时，你干脆丢下书卷，掬一捧清水洒到窗下的芭蕉叶上，孩子们误认为是雨声，你却笑得那么快乐。

其实这样的快乐无处不在，只有心底单纯的人，才能走到人生暮年仍童心未泯。所以你看得见他们的童真，看得见他们的童趣，活到八十岁的你常被人们称为“老顽童”，你笑了，这真是极好的称谓，正合你意。

就像此刻，你看着孩子在庭院里弄着冰块，跑着闹着，笑着又懊恼着，快乐没有一丝掩饰。

真好，日子就当这样过，快乐从来最简单。

小白诗趣

乐器馆

下面诗句中隐藏的乐器，你能找到吗？

独坐幽篁里，弹____复长啸。

葡萄美酒夜光杯，欲饮____马上催。

____何须怨杨柳，春风不度玉门关。

二十四桥明月夜，玉人何处教吹__。

诗意书画

答案：琴 琵琶 羌笛 箫

49. 风雪之中等你归

逢雪宿芙蓉山主人

［唐］刘长卿[1]

日暮苍山远，天寒白屋贫。

柴门闻犬吠，风雪夜归人。

小诗浅译

夜幕降临苍茫夜色中山峦更显深远，

寒冷的天气让简陋的茅屋更加清贫。

半夜时柴门外一阵犬吠声把我惊醒，

原来是有人在月夜冒着风雪归家门。

① 刘长卿：字文房，因长于五言诗，自称“五言长城”。

诗人逸事

定居扬州

刘长卿前半生虽以才华闻名于世，但官途十分坎坷。他六十岁时选择扬州作为定居地，准备在此颐养天年。在此之前，刘长卿曾去看望自己已嫁到扬州的小女儿，并在此度过了一个美好的初春。几天后他返回溧阳，但时常会想起江南风光，前往扬州定居的想法便油然而生，只不过出于皇命和生计考虑暂时没有行动。

这一年冬天，他的两位女婿前往溧阳，阖家共度春节。春节过后，临别送行时，刘长卿将扬州美景化成美妙的诗句，写出绝美的组诗《送子婿崔真甫、李穆往扬州四首》。这组诗写完不久，刘长卿原来的上级调任淮南节度使，扬州恰在其管辖范围，他深知刘长卿的才干，便邀刘长卿一同前往。这在诗人看来自然是求之不得的，于是欣然赴约，成为其麾下一名高级幕僚。

这位漂泊在外大半生的不得志诗人，最终在扬州的田园安度晚年，享受着儿女在侧的幸福生活。

童言童语

我要养一只小狗

它会叼回我扔出去的每一个小球

它会常来蹭一蹭我的小腿

它会把每一天的快乐分享给我

它会时时刻刻等我回来

在每一个月夜

每一个雪天

我要养一只小狗

因为它会等一个夜归的人儿

古诗现场

风雪之中等你归

雪夜里，我迎着光的方向，驾起我的马车，听风在耳边。

我相信，明日就在前方，待我展颜。只是明日又在何方？我只有继续走，放任身影在暮色中渐渐拉长。

山间高树，郁乎苍苍；水间细流，涓乎潺潺。

寒冷从山的尽头延伸到我的脚下，侵袭我的全身。

我不禁下车，远处丛林中竟然现出一间茅草屋，是你在等我吗？

你是我的知己——灵澈上人，一个宦途失意客，一个方外归山僧，在苍苍竹林里，等待杳杳钟声晚，等待斜阳归去，再挽手共言欢。那是我失意途中幸福的相遇。

是你在等我吗？

你是世外高人——南溪常道士，隐在山中，我来寻你，随山到水源，看溪花，道禅意，最知心的相对亦是一次难得的忘言。

是你在等我吗？

你是山间一樵夫，抑或是一耕农，但我知道“泠泠七弦上，静听松风寒”。我的古调是你在倾听。

都说交市人不如友山翁，谒朱门不如亲白屋，但不管屋中的你是谁，我都知道此夜一定会有最倾心的相逢。

你的清贫，融入夜的清静里，我摩挲过诗句的手，是否能叩开你的柴门？

一扇柴门，将红尘隔在门外。

一声犬吠，惊扰了念想。

真好，有狗吠，便当有人居住。你若在屋内，也无妨被我这个俗人惊扰；你若不在屋内，我便倚杖柴门外，等你归来。

白屋，柴门，犬吠，一座高山温暖了一个异乡客。

你就在这样的叩门声中走来，披蓑衣，戴斗笠，看到我，仿佛看到旧友来访，你高呼起来，欢快的声音抖落了房顶的雪。

“古路无行客，寒山独见君。”

在这风雪的暮色中，你一定洞穿了我的狼狈，却并不言破，一壶佳酿，一盏灯火，一句寒暄，足以消去万古愁。

谈笑之间，你研墨，写字，我吟诗，弹琴。这个夜晚，当是风雪中最温暖的守候。

小白诗趣

诗歌小达人

请在诗句横线处填上表示时间的词。

烟花____下扬州。　　______春风似剪刀。

人间____芳菲尽。　　____辞白帝彩云间。

随风潜入____。　　日____苍山远。

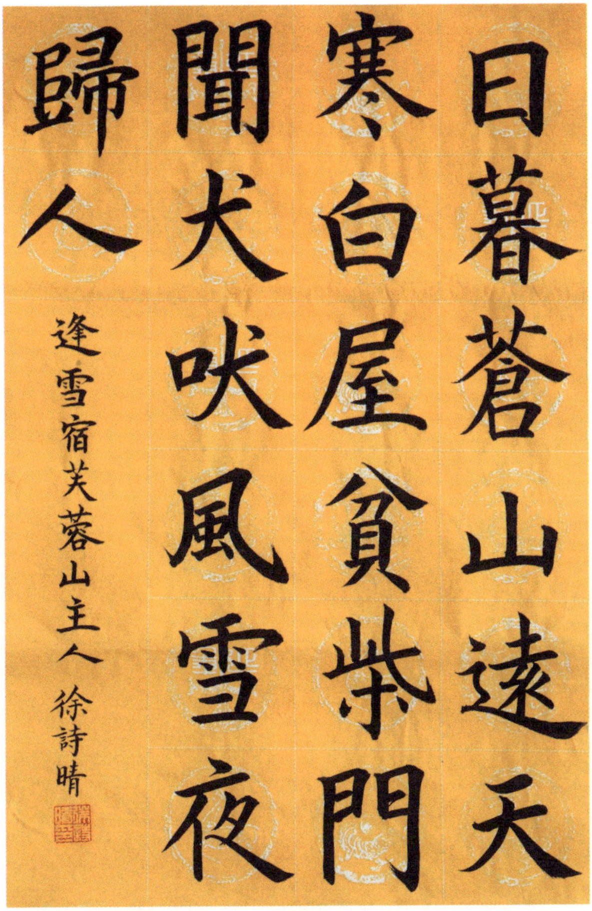

答案：三月 二月 四月 朝 夜 暮

50. 已是冬至你在哪

邯郸冬至夜思家

［唐］白居易

邯郸驿[1]里逢冬至，抱膝灯前影伴身。

想得家中夜深坐，还应说着远行人。

小诗浅译

我居住在驿站的时候正逢冬至，

抱着双膝坐在灯前与影子相乐。

猜想家中的亲人会相聚到深夜，

还应该会谈论着我这个远行客。

① 驿（yì）：驿站，古代供传递政府文书的人及往来官员中途更换马匹或休息、住宿的地方。

顶级知己

相识三十余年，志同道合，惺惺相惜，来往通信1800多封，互赠诗篇接近1000首。这样的故事，恐怕也只会发生在白居易和元稹身上了。

一天，白居易与友人游玩慈恩寺，饮酒叙谈。席间，白居易一阵惆怅，他停杯叹道："可惜元稹不在，想必现在已经到梁州了。"随即题诗一首于壁上："花时同醉破春愁，醉折花枝当酒筹。忽忆故人天际去，计程今日到梁州。"

这事倒也平常，但令人啧啧称奇的是，这一天元稹恰好到了梁州，他晚上做了一个梦，梦见的恰恰是和白居易等人一起游慈恩寺。于是怅然而醒，写诗道："梦君同绕曲江头，也向慈恩院院游。亭吏呼人排去马，忽惊身在古梁州。"

这可真神奇了，这两首诗一首写于长安，一首写于梁州，却不约而同地写在同一天，还如同当面唱和的那样，用同一个韵！这不得不说两位友人灵犀相通、心心相印了。

童言童语

如果在春天回去
我要折一枝江南的花
如果在夏天回去
我要带一捧长安的荷
如果在秋天回去
我要集一片建安的叶
只是今年冬天
我仍在邯郸，带不回邯郸的雪
只留下一颗早已飞回故乡的心

古诗现场

已是冬至你在哪

“白昼最是时光短，奈何相思胜夜长。”

这一天，你在节日的喧闹声中走上邯郸的街头，热闹的人们拥着自己的家人，手端一壶暖酒，倚着朱户或者柴门互相庆贺，娃娃们则穿着新衣穿梭在人群里，拍着手唱着、跳着。

热情的当地人送来了佳酿，你只一触唇，便知是陈年佳酿。

你好酒、酿酒，却不独享，冬日暖寒，散酒好客，“连延四五酌，酣畅入四肢”。

节日中的家乡，乡邻们喝着你的酒，唱着你的诗，居处不易，乐天知命且无忧！

你念着昔日的种种好，回到驿站，身影在月光下继续消瘦着。

白日里，人们鼓瑟吹笙，奏“黄钟之律”，贺冬迎阳，祭天敬神，普通的愿景从这一天开始。

亚岁迎祥，履长纳庆。家宴上，女子们献上精美的鞋袜，喜迎吉祥，体现心灵手巧的女红从这一天开始。

官员们行着朝会之礼，贺朔日，贺冬至，贺新年的文治武功从这一天开始。

原来这一天，真是万物生，众人长。

你在灯下，百无聊赖，画起素梅，染起花瓣，数起窗间九九图。

今夜注定无眠，每一次细数，都能于灯影里照见过去，照见归乡的路。

“冬至至日日初长，久客客怀怀故乡。”

何止你，世间的异乡客都同你一样，在日子短长里一寸相思一寸灰。

家中的亲人，正围坐在火炉旁，寒意散去，温暖弥漫在屋中，不知是谁先提起的，欢聚时总惦记着那个不在场的……

冬至已至，春便不远。你多么幸运，行走人世间，总有人知你懂你，刘禹锡、韩愈……还有一生的至交元稹，在万家灯火的冬至夜里，你对他倾诉着：“君埋泉下泥销骨，我寄人间雪满头……”

即使奔赴黄泉，你也是知足的，因为你知道万卷诗书足以让你百世流芳。

或许又一年冬至夜，你会听见当朝天子宣宗的怀念——

“童子解吟《长恨》曲，胡儿能唱《琵琶》篇。文章已满行人耳，一度思卿一怆然。”

然后举国上下叹息：已是冬至你在哪？

小百诗趣

节气歌

二十四节气，只听名称就很美，你能将下面节气名称填到相对应的诗句里吗？

惊蛰　谷雨　小雪　白露

正好清明连______，一杯香茗坐其间。

新春甫______，草木犹未知。

春风正淡荡，______已清泠。

久雨重阳后，清寒______前。

诗意书画

答案：谷雨 惊蛰 白露 小雪

51. 围炉烹雪邀你来

问刘十九

［唐］白居易

绿蚁①新醅②酒，红泥小火炉。

晚来天欲雪，能饮一杯无？

小诗浅译

新酿的米酒，色绿香浓，

小小泥炉火，烧得殷红。

天快黑了，大雪要来啦。

能否共饮一杯酒？老兄！

① 绿蚁：指浮在新酿的没有过滤的米酒上的绿色泡沫。

② 醅（pēi）：酿造。

诗人逸事

平衡之道

道林禅师是唐代著名的高僧，诗人白居易与他交好，两个人时常在一起谈论佛法。

有一次，白居易告诉道林禅师："我邻居家有一个女人，家中虽然很有钱，却非常吝啬，并且喜欢占别人便宜。最近，她将院墙又朝我家方向迁移，我的后院更小了。"

道林禅师笑着说："没有关系，终究平衡。"

白居易听了，便不满地说："我是因为受到她的侵扰，才来向你诉苦的。"

道林禅师说："这个女人贪财吝啬，喜欢占别人的便宜，但她有一个儿子，是个非常能挥霍的人，她所贪占的早就被儿子花费一空了，最后还不是归为平衡吗？"

白居易听了，感到非常不可思议："难道冥冥之中有一种力量在控制这一切吗？"

道林禅师说："你看那些争强斗狠的人，最终都会被命运消磨。世间万物都在追求平衡发展，这是不会改变的啊。"

白居易听了，觉得大有深意，点点头说："既如此，就做一个平和的人，让自己保持自然的平衡，便是最好的了。"

童言童语

冬天的梦是什么样的呢

是刚刚酿好的白米酒

是烧旺温暖的红火炉

冬天的梦是什么样的呢

是傍晚变黑的天空

是檐上纯白的雪花

冬天的梦是什么样的呢

是知己送来的红梅

是朋友煮好的绿茶

哦，冬天的梦到底是什么样的呢

古诗现场

围炉烹雪邀你来

外面天色渐寒，霜花落在你的鬓发，朋友，请走进我的屋中。这一刻，我就是那大唐洛阳的处士刘十九，在你面前安然坐下，听你弹琴。

转轴拨弦间，你是否想起江州船上的琵琶女，彼时无声胜有声，她一下子读懂了你的悲伤。同病相怜，同是天涯沦落人，你邀她共饮，听她倾诉，慢慢泪洒青衫。

我听着你琴音渐哀伤，心下戚戚然——那个夜晚，你的善意和同情，一定成了琵琶女生命中最温暖的一束光，驱散了她寒冬般的孤独。

喝一杯吧，酒窖里的新酿，是你的骄傲，乐天知命，居安容易，搁下琴，放下诗，你就是闻名乡里的酒家仙。

喝一杯吧，有谁不知你既是酒狂，又是诗魔。

喝一杯吧，这酒里浮起的绿蚁跳跃起来，是米酒上的绿色泡沫，也是你的心满意足。

喝酒时，我看到炉火映红了你的脸，美髯长须，面色润透，这洛城的山和水早就熨帖了你的内心。

你是喜欢分享快乐的人，逢雪朝月夕，即便无人来访也无妨，你只管将屋内小火炉烧得通红。你让家人围炉而坐，你端坐一旁，抚琴长啸。这样的光景多好，放情自娱，酩酊大醉。

窗外雪花白，透着亮；屋内火炉红，透着暖；杯中新酒绿，透着甜……

此刻，我是刘十九，是距离你最近的朋友，我和堂弟刘梦得一样，都爱陪你饮酒，听你吟诗。

你是白居易，“晚来天欲雪，能饮一杯无？”只一声轻言细语，便在瞬间温暖了彼此。

我在斜阳里踏着寒风走向你的木屋，随后掩上门，风雪被关在门外，温暖被锁在门内。

这一夜你我相坐对弈，难分胜负。我不愿起身，你也不愿，围炉可烹雪、可醉酒，门外雪已满山，而室内仍温暖如春。

自此以后，逢大雪如琼瑶满地之日，我相信你都会忆起我的一纸相邀：围炉烹雪，你来吗？

小百诗趣

百科小博士

“绿蚁”是诗人对酒的一种雅称。你还知道酒的哪些雅称？查一查，和小伙伴们分享吧。

诗意书画

答案：杜康 醍醐 琼露 瑶浆 香蚁 琼浆 玉醅 芳醴 春酿 甘醴

52. 爆竹声中一岁除

元 日

[宋] 王安石

爆竹声中一岁除，春风送暖入屠苏①。

千门万户曈曈②日，总把新桃换旧符。

小诗浅译

鞭炮声响起间一年已过，

春风和屠苏酒共暖新屋。

旭日升千门万户多明亮，

家家旧桃符换成新桃符。

① 屠苏：指屠苏酒。相传农历正月初一饮屠苏酒可以驱邪避瘟疫。

② 曈（tóng）曈：日出时光亮的样子。

诗人逸事

聪明的王安石

王安石从小就聪明，有一次，他父亲对他说："人家说你聪明，如果你现在能把我叫到院子里，才算真正聪明。"王安石笑着说："现在下雨呢，我怎能叫您去淋雨呢，但如果您站到院子里，我就能把您请到屋里来，您信不信？"

父亲边说着不信，边走到院子里，可他到院子里等了好久，还不见王安石叫他，便问道："你为什么还不开始啊？""您看，我把您叫到院子里了。"王安石答道。

他父亲这才恍然大悟，笑着说："你还真有两下子。"

"您快回屋里来，要不然会受凉的。"

父亲立即回到屋中，王安石又说："您看，我又把您请回屋里了吧。"

说完，两个人都哈哈大笑起来。

童言童语

噼噼啪啪春节到

我又长大一岁啦

换上新衣，搬起板凳

去陪爷爷贴福字

福倒了，爷爷

福到了，孩子

爷爷笑呵呵带着我去写春联

我歪歪扭扭总写不好

嘴巴撅得高高

我也想去放鞭炮

古诗现场

爆竹声中一岁除

腊月二十三送走“灶王爷”后，家家户户都开始张罗过年的事了。该置办的，该享受的，全在这辞旧迎新的光景里沸腾起来。

一家人围坐在桌前，这应是过年时最温暖的记忆了。

两千多年前的田野就燃放过爆竹。在没有火药和纸张的古代，处处可见的竹子被投放在火中发出爆裂的声音，“噼里啪啦”跳动的声响把瘟神吓得远远的。这美好的愿望从那遥远的古代延续至今，成了不变的愿景——

爆竹声中一岁除，除的不仅是年岁，也是所有的病灾苦痛。

幸福的人儿，手拉手，爆竹声中祈愿彼此珍惜、携手白头。

相拥的亲人，喜笑颜开，爆竹声中期待来年万事吉。

屠苏，是一种浸泡过屠苏草的酒，融大黄、白术、桂枝等中药浸制而成，成为人们爱喝的药酒。

子夜时分，爆竹声毕毕剥剥，大人们举起酒杯，一饮而尽，然后静静守岁。

“千门万户曈曈日”，初春的朝阳照进屋内，无论富贵还是贫穷，新春的第一缕阳光总会如约而至，收集每个人的笑脸，再轻轻地寻着光和影交汇的桃树枝头，听一树一树的鸟鸣。

岁月流转，曾经写在桃符板上的对联，变成了写在纸上的春联，最好的时光便是一家人铺开满地纸，席地而坐，吟诵几句，来年的吉祥便落笔而成。

在这个新年里，曈曈日绽放的光华，映红了这个锐意进取、执意变法的改革家的脸。“总把新桃换旧符”，岁除后，推开窗，盼望整座江山换新颜！

小百诗趣

猜谜语

能使妖魔胆尽摧，身如束帛气如雷。

一声震得人方恐，回首相看已化灰。

（打一物品）

诗意书画

谜底：爆竹

美好的遇见

——小书后记

文 / 桂　芳

给女儿们读诗的习惯是从她们出生时便开始的，读诗的时候常常会因为自己是语文老师而由此及彼，说说作者，也说说小诗背后的故事。时间一长，就把这些读诗时的闲话写了下来，从 2008 年开始在网络上写，到 2016 年在公众号上写。在此期间，经常会有很多爱诗的朋友给我留言，和我谈诗的美，聊诗的雅，诗意渐渐走进了生活。

慢慢地，我便萌生了将这些诗意成书的念头，再录制音频，制作成可读可听的小书，送给爱诗的大朋友和小朋友。因为这是和孩子们共读的书，想给孩子们营造一个可以自由徜徉的空间，我便从以下四个方面来入手："小诗浅译"带着孩子们走进诗的王国，阅读"诗人逸事"了解亲近诗人，"童言童语"给孩子们一双想象的翅膀，而后来到"古诗现场"倾听一段诗话，在与诗人的隔空畅谈中，小小心灵慢慢被诗歌浸润。在每篇诗话的最后还有一个读诗小伙伴，它的名字叫"小白"，是李白的小迷弟，它为孩子们设置各种有趣的题目，带着孩子们在学中玩，在玩中得。

这些诗都是来自小学语文教材，我想和孩子一起读诗，就应该先把课本上的诗读懂读透，尽可能留住这触手可及的诗意。读的过程是快乐的，爱诗的孩子们也加入了进来，他们各有专长，各尽其能，有和我一起查找诗人逸事的周世龙、李灏泽；有为“童言童语”出谋划策甚至附上诗句的江楠、耿佳妮、衡悦、王静涵；有为“童言童语”诵读小诗的“四季娃娃”章乐染、方煜玮、潘若兮、何佳沐；有为小诗配书法和诗意画的王博然、章斐然、徐诗晴、王子恩、徐子安、徐愿、秦祯希、韩雨辰、朱心怡、王睿婕、戴启洋、魏永贤、邱沁瑶等。这些孩子在题诗和作画的过程中受到了书法老师金勇的点拨，也得到了美术老师邹丽的指点，在一撇一捺一藏锋、一晕一染一勾勒中，这些书画赋予了每首诗神态各异的生命。当然这里需要特别感谢“小白”形象的创作者赵文悦，这位学美术的小姑娘为读诗小伙伴“小白”设计了飘逸而可爱的小诗人形象，随着四季的变换，他的着装也变换着颜色，很有趣味。

画面得宜，读诗的声音也应当动听起来，于是我邀请了著名的声音大咖张运老师和刘娜老师，请他们为孩子们领读，并邀请了十位孩子进行了范读，他们是章斐然、吴雨哲、何徐昊、李妍萱、徐艺豪、贾昊林、王梦璐、朱梓墨、杨彦博、马雅。为了让大家在声音里感受诗歌的画面，我为每首诗的“小诗浅译”“诗人逸事”“古诗现场”录了音频，希望这些用心录制的一个个音频和一篇篇文字是送给你们最好的礼物。

无论是写、画，还是读，这些都是我们与诗歌最美好的遇见，在这里，我们遇见了自然，遇见了山川，也遇见了更好的自己。遇见的时刻，经典便浸润在每个孩子心间，我想，若干年后一定会成为他们最美好的回忆。

最后，要特别感谢我的小伙伴们，制作音频的王霄、王权，校对书稿的柳晨晨、林敏菲、孟晓静，以及出版社的编辑胡晓静，遇见彼此，心生欢喜，便有了这本诗情画意的小书。

愿这本小书让你遇见一切的美好！